現場改善・品質管理・安全衛生
がよくわかる本

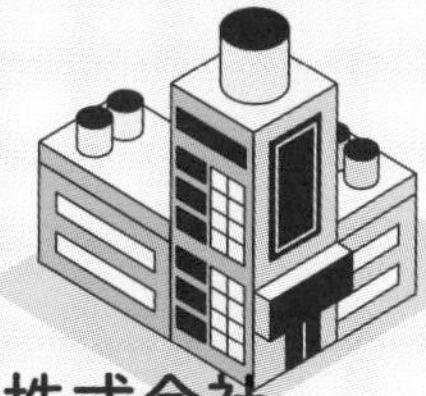

ものづくりの基本

株式会社
日本能率協会
コンサルティング
◉監修

日本能率協会マネジメントセンター

はじめに

近年ものづくりは、大きな変化を求められています。第４次産業革命ともいわれる中で、IOTやAIを活用した新たなビジネスモデルの創出やものづくり自体の変革が各社で検討されています。こうした時流の中において、工場で働く方々は具体的に何をすべきか迷われていることも多いと推察します。IOTやAIは大きな話題となっていますが、あくまでもツールであり、何を目的にどんな手立てを講じていくべきかが重要です。ツールはその中でうまく活用していくことになります。

そう考えますと、まずはものづくりの基本をよく理解し、自身の工場や職場の問題点を捉え解決するための基本的な考え方・方法を習得することが大切だと思います。ものづくりの基本があやふやなまま、時流だといってIOTやAIの導入を急ぐ企業の多くは、途中で目的を見失い、単に新たなツールを導入することが目的になっているように感ずることもあります。本書は、このようなことに陥らないよう、ものづくりの基本をきちんと理解していただけるように構成いたしました。

本書では、ものづくりの基本を「現場改善の基本」、「品質管理の基本」、「安全衛生の基本」の３つに分けて解説しています。

「現場改善の基本」では、現場に存在するロスや問題点の見方、改善の進め方などが理解しやすいように、短いセンテンスに区切って説明しております。「品質管理の基本」では、QCサークルや小集団活動に役立つQC７つ道具、新QC７つ道具の活用ポイントや活動自体の進め方などを説明しています。「安全衛生の基本」では、安全意識をどのように持つべきか、具体的にはどのような視点でどのような活動をしていくべきかなどについてわかりやすく説明しています。本書の内容はどれも基本的なものばかりですので、どのような業種でも活用いただけるものと思っております。基本のしっかりした工場や職場を、皆さんの手でつくりあげていただけることを願っております。

監修者一同

『ものづくりの基本 現場改善・品質管理・安全衛生がよくわかる本』

第1章

現場改善の基本 その1

―現場改善の狙いと進め方―

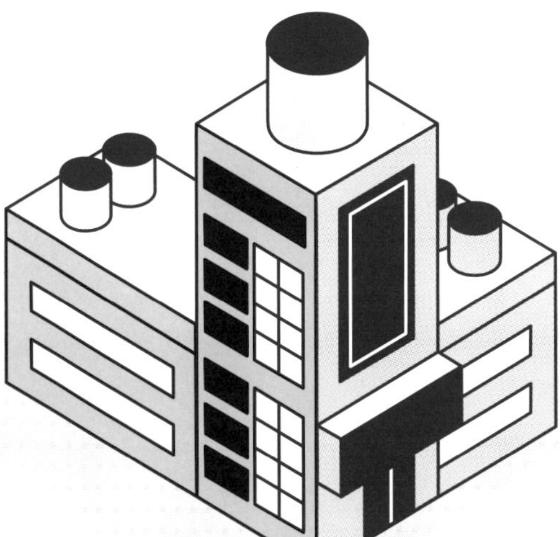

no. 01 強い企業の条件

日本の製造業において品質不良や検査不正などの問題が起こり、ニュースなどで報じられるたびに聞かれるのが「日本のものづくりはどうしたんだ」という声です。そこにあるのはかつて隆盛を極めた日本のものづくりが競争力を失い、弱体化していることに対するある種の怒りや苛立ちかもしれません。

日本の製造業は、1980年代までは、ものづくりの先進国として、その価値が認知され、世界で強い競争力と高いブランド力を誇ってきました。戦後間もない頃の日本製品は、海外からの「安かろう悪かろう」という低い評価に苦しみましたが、そこからQC活動などの全社一丸となった取り組みを行い、**「より良い製品をより早く、より安くつくる」**ために懸命な努力を重ねることで、QCD（Quality品質・Cost費用・Delivery納期）全般にわたって他を圧倒するほどの競争力を手にすることになったのです。

その過程で多くの世界的企業が生まれ、またこれら製造業を支えるたくさんの協力企業も存在したことで、日本は**「ものづくり大国」**として世界から認知され、さらには日本人にとってもそれが大きな誇りとなったのです。しかし、1990年代に入り、韓国や台湾、中国などでもものづくりが盛んに行われるようになり、国際輸送網の整備が進んだことに加え、90年代半ばからはインターネット技術の普及もあり、企業の競争は規模の大小に関わらずグローバルでの競争を余儀なくされることとなったのです。

こうした環境下では強いはずの企業も安閑としていることはできず、次々に台頭する新興企業によってその座を脅かされることになります。どんな大企業も少しでも変化を怠るとまたたく間に「過去に繁栄した企業」になってしまうのが今という時代なのです。

たとえイノベーションを起こすことで大きな成功を手にした企業であっても、イノベーションのジレンマに陥り、変化に乗り遅れると市場から退場を余儀なくされるのです。では、そうならないためには何が必要かというと、**「環境の変化に合わせて、自ら率先して変化していくことのできる企業」であることが求められ、それこそが「強い企業」であり続けるための条件**なのです。

具体的には、環境変化に対応し、先を見た戦略を立案し、かつ、その戦略を着実に実行していくことができる企業こそが「強い企業」であり、そしてその**「強い企業」を支えるのが製造業の場合、「強い現場」**なのです。

製造現場の捉え方の1つには、「製造現場はコストセンター（お金を消費する場所）」というものがあります。その考えにしたがえば、現場はお金を消費する場所にすぎないので、より安くものをつくってくれる外部に委託すればいいという考えが出てきます。たしかに短期的には原価低減になりますが、中長期的な視点に立てば、製造現場でものづくりに必要な技術力や改善力が蓄積されないため、製造業でありながら最も大切な「つくる力」が失われることになるのです。

これではグローバル競争に勝つことはできませんし、「日本のものづくりはどうした」という嘆きにつながることになります。

そうならないためには**製造現場を「バリューセンター（価値を生み出す場所）」と捉えることが大切**になります。「企業の利益はつくる力で決まる」といわれるように、会社にいっそうの利益をもたらす方法、顧客のニーズに応える方法、競合に大きな差をつけて勝つための作戦を立案し、実行できるような、価値を生み出すことのできる製造現場をつくり上げてこそ製造業は強くあることができるし、「強い企業」であり続けることができるのです。

基本的行動

強い企業であり続けるために強い製造現場づくりを。

no.

02 継続的な改善活動のために

強い企業であるためには強い製造現場であることが求められますが、そのために必要なのが「顧客と競合を見すえた、継続的な改善活動」です。強い製造現場といっても、一朝一夕にできるわけではありません。日々の生産活動のなかで起こっているロス、問題や課題を明らかにし、それを１つずつ着実に解決していくという根気強い取り組みを積み重ねることで初めて競合を圧倒するほどの強い現場力を築き上げることができます。

では、生産現場が主体となった「継続的な改善活動」を行っていくためには何が必要なのでしょうか。「やり方」「やる場」「やる人・やる気」の３つがポイントになります。

1．やり方

「やり方」というのは、改善手法のことで、改善を進めるための手法のことです。

改善というのはただやみくもに進めればいいというものではなく、生産現場で長く活用され、磨き抜かれてきた手法を上手に活用することで初めて期待通りの成果を上げることができます。

改善手法の代表的なものには、**IE**（インダストリアル・エンジニアリング：人・設備・材料・方法・エネルギーなどの経営資源を効率よく組み合わせることでムリ・ムダ・ムラのないものづくりを実現するための技術）、**TPM**（トータル・プロダクティブ・メンテナンス：生産システム上に存在するあらゆるロスを０にすることで、継続的に生産性向上、収益の確保を実現する活動）、**QC**（クオリティ・コントロール：品質管理）、**JIT**（ジャスト・イン・タイム：生産現場の各工程において「必要なものを、必要なときに、必要なだけ」供給することで効率的な生産を目指す仕組み）――といったものがあり、これらを知識として正しく習得するだけでなく、正しく使っていくことが改善を進めるうえでのポイントになります。

2．やる場

改善を行うといっても、そのメンバーは日常の業務をこなしながら、改善活動も行うというのが一般的なため、**「改善を検討する場」**を組織として与えなければ、改善するための時間をとることができません。

組織として「改善をやれ」と命じるだけでなく、「いつ（頻度）、どこで（開催場所）、誰が（参加者）、何を（議題と目的）検討するのか」ということを具体的に決めたうえで、周知・共有することで初めて改善に取り組むことができるのです。

3．やる人・やる気

改善を行ううえで最も大切なのが「やる人たちのやる気」です。改善というのは生産現場で働く人たちが自分たちで問題に気づき、その解決法を考えることが求められます。つまり、働く人たちの「知恵と工夫」があってこそ改善は意味をなすのです。

人が改善を考える際には、ただ漠然と現場や作業者の動きなどを観察していても、良い改善アイデアは出てきません。現場を見た時に何かの基準と比較することによって、「問題」を発見する力や、作業を分析的な視点から観察し、改善につなげようとする意識や心構えが不可欠です。

改善活動は参加する人たちの技量ややる気によってその成果が大きく変わるだけに、管理者やリーダーは参加者に対して「やり方」を教育するとともに、**参加者自身のやる気を常に高めていく働きかけや仕組みづくりも大切**になってくるのです。

基本的行動

改善のための「やり方」「やる場」「やる人・やる気」を整えよう。

no. 03 現場改善の狙いを明確にしよう

「強い企業」であり続けるためには「強い生産現場」であることが不可欠です。そしてそのためには生産現場で働く人たちが主体となって「改善活動」に取り組むことが必要になるわけですが、その際、忘れてはならないのが**「そもそも改善活動は何のために行うのか」**という目的です。改善活動の狙いは大きく分けて２つあります。

１．会社のため

改善活動の１つ目の目的は、会社のためです。

会社はいうまでもなく継続的に適正な利益を確保できて初めて存続することができます。また適正な利益が得られることによって初めて、会社で働く人たちも健康で豊かな生活が保証されることになります。

したがって、会社で働く社員一人ひとりの行動は、その１つひとつが利益の実現に結びつくものでなければなりません。

価格と原価と利益の関係には次の３つの式があります。

価格　－　原価　＝　利益　（成り行き管理）
価格　＝　原価　＋　利益　（原価主義）
利益　＝　価格　－　原価　（非原価主義　→　原価低減）

原価主義というのは、「原価が上がったから」と価格を上げていくやり方ですが、現実の競争社会では価格を安易に引き上げていては競争に負けてしまいます。かといって「原価が上がったから利益が減るのは仕方がない」と我慢ばかりしていたら、利益が出なくなり、ここでも競争に負けることになります。

では、どうするかというと、価格は消費者が決めるものであり、安易に価格を引き上げられない以上、「利益の増大は原価低減によって得られる」という意識の下、日頃から改善活動に取り組み、ムダを省き、コストを下げることで、利益を生むというのが会社としての取り組みとなります。

現場でのものづくりに必要となる資源（もの、設備、人）を最大限に有効活用することにより、必要となるコストをできる限り下げ、利益に貢献することが改善活動の狙いの１つなのです。

２．お客様のため

改善活動の２つ目の目的は、お客様のためです。

改善活動ではコストを下げることで会社としての利益を確保することが求められますが、同時に忘れてはならないのが「改善はお客様のために行う」という基本原則です。

たとえば、会社の利益を優先するあまり、品質を犠牲にしたものづくりを行ってしまうと、会社はお客様の信頼を失い、会社としての存続さえ危うくなってしまいます。信頼というのは築き上げるのには長い時間がかかりますが、信頼が壊れるのはほんの一瞬です。お客様が望んでいるのは、**「より良いものが、より安く、必要な時に手に入る」**ことであり、改善活動が目指すべきはこれをより高いレベルで実現することなのです。

こうしたQCDの絶えざるレベルアップを図ることにより、自社製品の魅力が増し、顧客満足の向上につながり、会社としても売上げや利益の拡大につながり、かつ競合他社との競争にも勝つことができるというのが改善活動の目的なのです。

このように目の前の現場改善活動は、会社への貢献につながり、自社製品を使ってくれるお客様の満足向上につながっていることをしっかりと理解することが大切なのです。

基本的行動

会社のためだけでなくお客様のためにも改善活動をしよう。

no.

04 工場の仕組みを理解する

生産現場の改善について学ぶうえでまず理解しておきたいのが工場の仕組みです。ものづくりを行う工場には「インプット」と「アウトプット」があり、インプットをどれだけ有効活用できるかで、工場で発生するコストの大小が決まりますし、アウトプットをいかに管理するかで製品の出来は決まり、お客様に支持していただけるか、競合他社の製品に勝つことができるかが決まります。

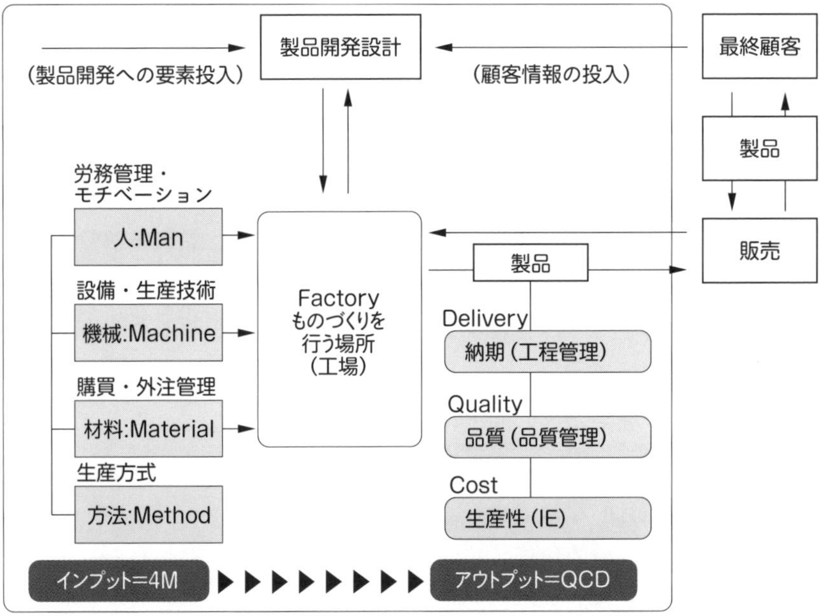

1. 工場のインプット管理

工場のインプットとは、生産主体である**作業者（Man）**、生産手段である**機械設備（Machine）**、生産対象である**原材料や部品（Material）**、それらの**生産方法（Method）**を指し、頭文字をとって**「4M」**といいます。

これら4Mをどれだけ有効活用できるかで工場で発生する費用（コスト）は変わってくるだけに、4Mに関するロスを見つけ、ロス低減のための対策を考え実行していくことが、工場としての重要な改善活動となってきます。

2．工場のアウトプット管理

工場のアウトプット管理は生産一次管理ともいわれ、品質（Quality）、原価（Cost）、納期（Delivery）といわれる需要（顧客要望）の3要素を管理することになります。これらはどれも大切なものですが、**特に大切なのは品質であり、お客様が満足し納得する品質があって初めて原価と納期も意味を持つことになります**。

①品質管理

品質管理とは、**「買い手の要求に合った品質の品物またはサービスを経済的につくり出すための手段の体系」**と定義されます。お客様の品質に関するニーズを把握し、それに応えていこうという顧客重視の品質管理活動（広義の品質管理）と、自社が供給する製品やサービスが要求される仕様を満たしているかどうかを考える「狭義の品質管理」の2つがあります。

②原価管理

原価管理では、工場で発生する費用である製造原価について、利益を出すため、お客様の希望価格を実現するための計画と実績に着眼して見ていきます。

③納期管理

納期管理では、製品が納期通りに、また計画通りに生産されるような、生産計画の立案と進捗管理ができているかに着眼して見ていきます。

基本的行動

工場の仕組みの全体像をしっかりと理解しよう。

no.

05 現場改善の代表的手法と進め方

現場改善で頻繁に使われるQCD改善には５つの手法があります。

1．労働生産性の向上

労働生産性とは、労働の効率性を計る尺度であり、労働生産性が高い場合は、投入された労働力が効率的に利用されているということができます。指標としては、社員一人あたりの付加価値額をいい、付加価値額を社員数で除したものなどがあります。

日本企業の問題点としてしばしば指摘されているのが「労働生産性の低さ」です。その理由の１つに「労働生産性のロス構造」があります。

生産現場に限ったことではありませんが、人は誰でも与えられた時間の中で一生懸命仕事をしています。しかし、その時間のすべてが付加価値を生むことにつながっているわけではなく、付加価値につながらないムダな動きもあれば、機械設備の問題などで作業ができないこともあります。こうした**「労働生産性のロス」を見える化して、ロスを削減することで労働生産性を向上させることが改善の目的**となります。

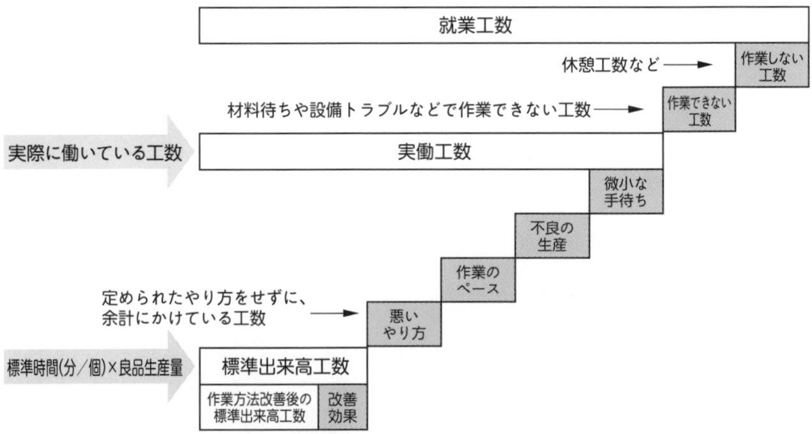

2．設備生産性の向上

設備の有効活用度を見る指標として、設備生産性があります。設備についても、労働者と同じように暦時間や操業時間（実際の生産体制）に対して、実際に良品をつくるのに必要な時間（価値稼働時間）との間には主に6大ロス（故障ロス、段取り・調整ロス、立ち上りロス、チョコ停ロス、速度低下ロス、不良・手直しロス）などがあります。

これらのロスをいかに減らしていくかが改善の目的となります。

A．暦時間（365日×24時間）		
B．操業時間（実際の生産体制：休日出勤含む）	制度上の休止	
C．負荷時間	計画等休止ロス	定期点検、計画停止、会社行事など
D．稼働時間	停止ロス	故障、段取り、準備・後始末など
E．正味稼働時間	性能ロス（速度ロス）	空転、チョコ停、速度低下など
F．価値稼働時間	不良ロス	工程不良、手直し、試作など

設備総合効率（F／C）＝時間稼働率（D／C）×性能稼働率（E／D）×良品率（F／E）

3．材料生産性の向上

材料の有効活用度を見る指標として、材料生産性があります。ここでも「材料生産性のロス構造」に着目して、ロスをいかに減らしていくかが改善の目的となります。

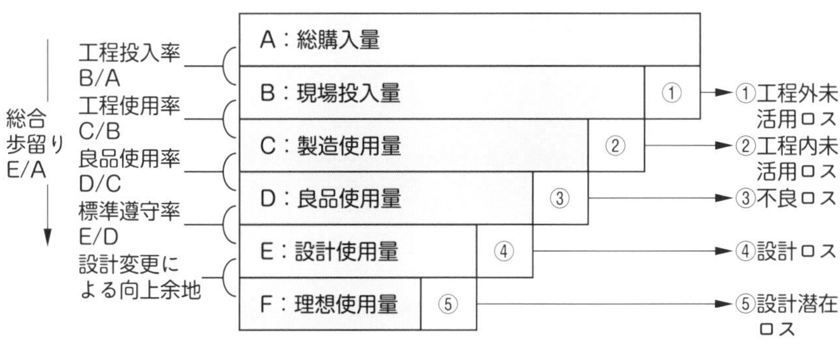

4．在庫削減

在庫は、企業にとって、販売と生産をつなぐ緩衝機能を果たすものとなっています。ある程度の在庫があるからこそお客様からの注文に応えることができますし、せっかくの販売機会の損失を防ぐこともできるわけですが、一方であまりに多くの在庫を抱え過ぎると、在庫品の陳腐化や劣化、保管スペースの増加につながり、倉庫や在庫管理のための人件費やコストの増大を招くことになります。

特に今日のように次々と新しい製品が誕生する時代、売れなくなった製品を在庫として抱えておくことはムダ以外の何物でもありません。**「在庫は罪庫」**という言い方もあるように、企業にとって、必要以上の在庫はさまざまな問題を引き起こしてしまうというデメリットもあるだけに、在庫削減も改善の大きな目的となってきます。

	在庫区分		保有目的・定義	
現状在庫	プロセス在庫	流動在庫	計画周期、調達リードタイム中の平均的な需要に対して保持する在庫、および製造システムの構造上必要な在庫(能力上のアンバランスなど)	理論上必要な適正在庫
		安全在庫	需要量の変動、品切れ、納期遅れなどに対処するためにもつ在庫	
	政策在庫	計画先行在庫	需要量の変動に対して操業度の平準化を図るために、前倒し生産を行ってもつ在庫、および政策上、投機上もつ在庫	保有理由により必要性を判断する在庫
		確保在庫	特定顧客、特定受注に対して、確保する在庫のこと。通常の受注からは、引当て対象外にするなどして、運用する場合が多い。	
	過剰在庫	過剰手配在庫	安心のため、何日か先の生産予定分のロットをまとめて、効率優先の生産をすることにより発生する在庫	改善により削減すべき在庫
		長期保管在庫	長期間で見れば使用可能性があり、廃棄意思決定がされていない在庫(特殊部品、パーツ品など)	
	死蔵在庫	陳腐化在庫	製品のライフサイクルの終了、設計変更などにより、まったく受注見込みがない在庫	廃棄あるいはリサイクルにより削減すべき在庫
		劣化品在庫	長期保管などによる品質の劣化のために、使用不可能になった在庫	

5．リードタイム短縮

リードタイムには、①生産リードタイム、②納品リードタイム、③開発リードタイム　—　などいくつものリードタイムがありますが、**生産現場の改善にあたっては、生産の計画をして出荷するまでの生産リードタイムの短縮が課題**となります。

生産リードタイムを短縮するメリットとしては、①顧客対応力の向上(販売機会損失の減少)、②在庫の減少（在庫を多く抱える必要がなくなる)、③在庫管理コストの削減、④需給予測の精度向上（需要時期に近いタイミングで供給量を予測できるため）　—　などがあり、いずれも企業としての競争力の強化に大きな役割を果たすことになります。

以下の視点から改善に取り組むことになります。

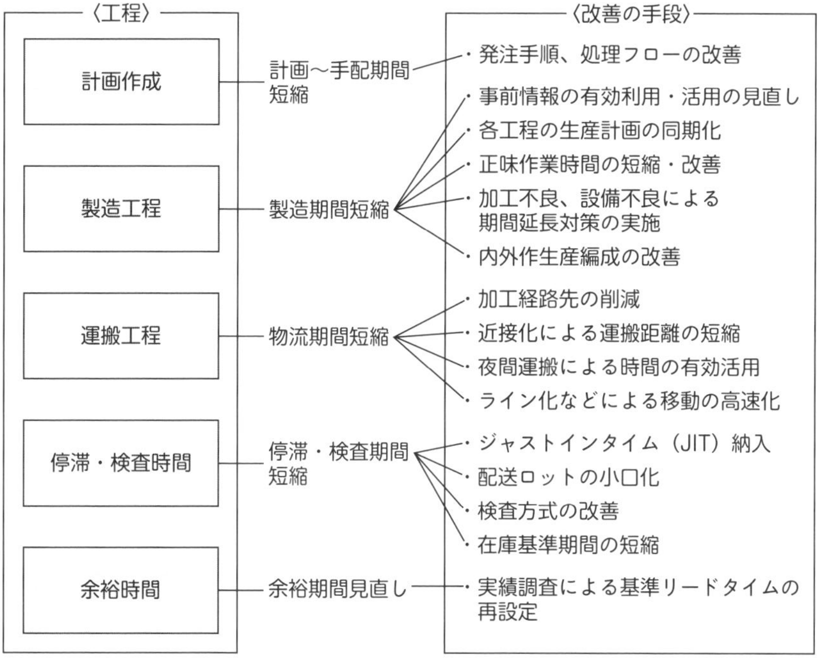

基本的行動

ロス構造に着目して改善を進めるようにしよう。

no. 06 現場改善の進め方

生産現場で改善活動を進める際は、できるだけ効率的に成果を上げる必要があります。そしてそのためには現場改善を進めるについての正しい知識と正しいステップの踏み方が大切になります。

ステップ１：改善対象の選定と目標の設定

改善を行うに先立ち、改善対象職場や改善対象品を決めます。

特定職場や特定製品に重点化して取り組むことで、改善成果の早期獲得や改善活動の効率化を狙います。

重点化を検討するにあたっては、**P—Q分析**（重点製品を選定するため、製品と生産量の関係をパレート図を用いて分析する手法）や**P—MH分析**（P—Q分析で使われる「各製品の生産量」を「各製品の生産量×各製品の生産工数」として分析する手法）を活用します。

また、改善対象ごとに目標を設定します。目標は、工場として必要な利益の大きさや、製品に対する顧客のQCD要望レベル、競合のQCDレベルを勘案し、大きく差をつけて勝てるレベルで設定します。

ステップ２：現状分析

選定した対象職場や対象製品に対して、**現状を定量的に把握・分析**します。このステップを飛ばしてしまうと、現状を正しく認識できないばかりか、改善の効果測定も難しくなるため、重要なステップとなります。

改善すべき対象が明確になり、目指す目標も固まったとすると、なぜそのようなロスが生じているのか、どんな問題があるのか、そしてそれを引き起こしているのは何なのかについて、**「真因」までしっかりと究明すること**です。それなしに目先の原因だけを改善したとしても、本質的な改善にはならないため、まだ多くの問題が残ったり、同じような問題が起きることも十分考えられます。

多少時間はかかっても現状を正しく分析するようにしましょう。

ステップ3：改善案の検討

次に現状分析結果を用いて、改善案を検討します。

この時は、分析した1つひとつの項目や粗さに応じて、適切な関係者が集まり、意見やアイデアを出し合うことが重要になります。

改善案の検討にあたって念頭に置いておきたいのが、**「目的は1つ、手段はいくつもある」**という考え方です。

たとえば、非常に素晴らしいアイデアが出ると、それですぐに進めたくなりますが、非常に素晴らしいアイデアでも、よりコストが低く、同じような効果を期待できるアイデアがほかにあれば、それは最善のアイデアとはいえません。

まずは考えつく限りの対策案を出し、それぞれを評価し、優先順位をつけ、実行するに相応しい改善案を選びましょう。

ステップ4：改善実行

改善アイデアの評価結果に対して、「誰が」「何を」「いつまでに」「どうやって」実行していくかの計画を作成し、それを実行していきます。**計画というのは立てるだけではダメで、実際に実行し、そして効果が出て初めて計画の意味があります**。

具体的なゴール、期限、目標を明確にしたうえで、責任の所在をはっきりさせることで計画は実行され、設定された目標をきちんと達成することができるのです。

具体的行動

現場改善は正しいステップを踏んで進めよう。

no.

07 改善案の検討ステップ

現場改善を進めるにあたって、どのような改善案を考え実行するかはとても重要になります。もちろん実際の改善案は、その対象とするものや特性、現状分析結果によって変わってきますが、改善案を考えるための発想をしやすくする技術には、汎用的に使えるものがあります。

それらを知ることは改善活動を効率よく進めるうえでとても役に立ちます。

アイデアを検討するステップには３つあります。

ステップ１：アイデア発散

改善案を考えるといっても、いきなり最初からベストのアイデアが出るわけではありません。そのために必要なのは、まずはたくさんのアイデアを出すことです。みんなで自由にアイデアを出し合うことを「アイデア発散」といいます。

『トイ・ストーリー』などの大ヒット作で知られるピクサー・アニメーション・スタジオには、こんな標語があります。

「どんなアイデアでも常に歓迎されなくてはならない」

たとえば、みんなに「アイデアを出せ」といったとしても、出てくるアイデアのすべてが「すごい」ということはまずありません。そんな時、「そんなアイデアなんかいうんじゃないよ」とシャットアウトしたら、誰もアイデアなど考えなくなります。この段階で大事なのは、どんなアイデアも歓迎し、決して「バカげたアイデア」と片づけないことなのです。

ステップ２：アイデア収束

アイデア発散の段階では、個々のアイデアについて評価はせず、無理にまとめようともせず、まずは数を重視しますが、そうやって出てきたたくさんのアイデアの中から良いものを選定していくのが「アイデア収束」です。

たくさんのアイデアの中から何かヒントはないかと考え、小さなアイデアをつなぎ合わせて大きな、有用なアイデアをつくり上げる、そんな風土や習慣の中からすごいアイデアが生まれてくるのです。

ステップ3：アイデア具体化

たくさんのアイデアの中から良いものを選んだなら、次に選択されたアイデアを具体化していきます。

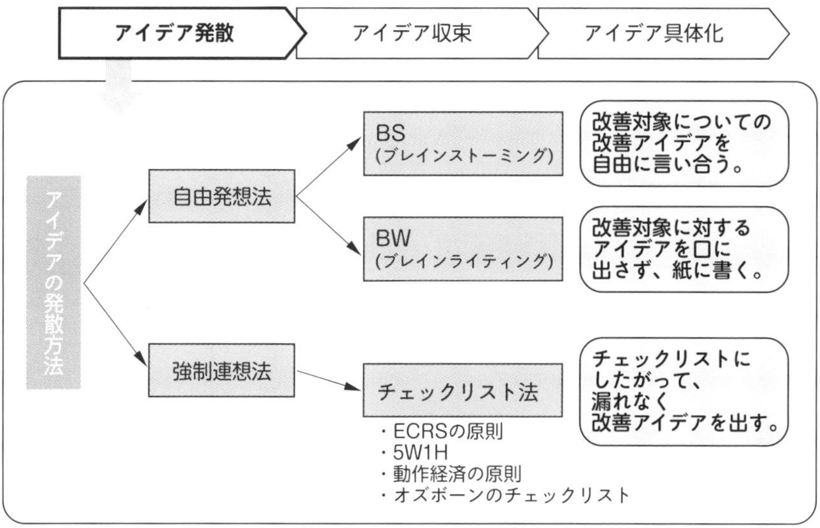

基本的行動

まずは「質より量」。そこからすごいアイデアにつなげていこう。

no.
08 改善発想技術

改善発想技術の代表的なものは以下の６つになります。

１．ブレインストーミング

ブレインストーミングはアメリカで開発されたアイデアを出し合う方法で、改善対象についての改善アイデアを自由に言い合う自由連想法です。

実施にあたっては①出てきたアイデアについて善し悪しの批判はしない、②アイデアはこっけいなもの、奇抜なものでも構わず、自由奔放なアイデアを歓迎する、③アイデアの数が多いほど素晴らしいものが出る可能性があるだけに、「どんどん量を出す」ことを推奨する、④他人のアイデアから連想したり、いくつかのアイデアを組み合わせるなど「他人のアイデアへの便乗」を歓迎する－という「守るべき４つのルール」があります。

２．ブレインライティング

ブレインライティングはドイツで開発されたアイデア出しを行う方法で、改善対象についての改善アイデアは口に出すのではなく、紙に書く自由連想法です。

短時間で確実に多くのアイデアを出すことができるという点に特徴があります。

３．ECRSの原則

ECRSは「改善の４原則」といわれ、改善に取り組む時の基本的な視点であり、「改善の定石」ともいわれる非常に重要な考え方です。

ECRSの原則は幅広い対象における現場改善で活用ができるもので、

実際に多くの現場で活用されています。

項目	内容
排除 (Eliminate)	「その仕事や作業はなくてもよいか」と考え、不要なものは行わない。実現できれば、改善効果はもっとも大きい。この排除を考えることは、あらゆる改善に先行して行うことが重要である。
結合と分離 (Combine)	排除できない仕事や作業は、他の作業といっしょにやったら時間短縮にならないか、現在の作業を別々にやったら時間短縮にならないかを考える。
入替えと代替 (Rearrange)	作業を「いつ行ったらよいのか」「どんな順序でやったらよいのか」などを検討する。
簡素化 (Simplify)	作業別に簡単に楽に、距離を短く、重量を軽くなどの改善を考える。

4．5W1H

5W1Hの視点でチェックしていくには、以下の手順で検討します。

○Why（何のために）
　理由・目的・成果は何か？
　あの作業や動きは何のために行っているのか？
○What（何を）
　何をしているのか？　ムダはないか？
○Who（誰が）
　人の結合や変更ができないのかを検討する
○When（いつ）
　順序やタイミングを変えられないかを検討する
○Where（どこで）
　場所の統合や変更ができないかを検討する
○How（どのように）
　もっと単純な方法はないのかを検討する

5．動作経済の原則

動作経済の原則というのは、①動作の数を減らす、②両手は同時に使う、③移動距離を短縮する、④動作を楽にする　―　の４つですが、実際に適用するには、以下のようなチェックシートを用いると発想しやすくなります。

原則		着眼		チェック
1	動作の数を減らす	1	動作の数は、なるべく少なくなっているか?	
		2	保持している動作は、保持具を考えることによってなくす努力がなされているか?	
		3	自動送り時間、加熱時間を有効活用しているか?	
		4	適当な用具・材料を使用して、動作の数を少なくしているか?	
		5	2つ以上の工具を1つに結合したり、材料や部品の取りやすい容器を利用して、動作の数を減らしているか?	
		6	2つ以上の動作を1つに組み合わせているか?	
		7	動作の配列順序を入れ替えて、余分な動作を省いているか?	
		8	足を有効に使って、手の動作を減らしているか?	
2	両手は同時に使う	1	なるべく両手は同時に作業を始め、同時に終わるようにしているか?	
		2	両手動作は反対方向に、かつ対称になるようにしているか?	
		3	保持具や足踏み装置をできるだけ利用しているか?	
3	移動距離を短縮する	1	できるだけ歩行距離を短くしているか?	
		2	身体を曲げる、ねじるなどの胴の動作を減らしているか?	
		3	前腕、手首、指だけの動作ですませるなど、腕の移動距離を短くしているか?	
		4	加工品や工具をいつも目で見て、手の届くできるだけ近い範囲に置いているか?（このためには、作業者が作業を行う場合の正常作業範囲を熟知する必要がある。）	
4	動作を楽にする	1	できるだけ、慣性、重力、自然力などを利用しているか?	
		2	重量物の運搬は、簡単な運搬設備によって楽にできているか?	
		3	工具や機械の握りは、握りやすい形になっているか?	
		4	ジグザグ動作や鋭角に方向変更する直線運動ではなく、自然な動作経路にそった動作になっているか?	
		5	正確さを必要とする作業では、簡単な道具で一定の運動経路が守られているか?	
		6	ちょっとした工夫によって、動作の困難度を減らしているか?	
		7	不自然な姿勢を避け、できるだけ楽な姿勢で仕事をしているか?	
		8	作業者の能率を高めるため、作業によい照明になっているか?	
		9	疲労度を減少させるため、安全な換気、正常な温度と湿度になっているか?	
		10	安全で、整理・整頓されているか?　作業者を負傷や傷害から守り能率を上げるために、適当な作業服を着用しているか?	

6．オズボーンのチェックリスト

オズボーンのチェックリストは、①他に使い道は？　②応用できないか？　③修正したら？　④拡大したら？　⑤縮小したら？　⑥代用したら？　⑦アレンジし直したら？　⑧逆にしたら？　⑨組み合わせたら？— というものですが、実際に適用するには、以下のようなチェックシートを用いると発想しやすくなります。

原則		着眼		チェック
1	他に使い道は?	1	そのままで新しい使い道は?	
		2	改善・改良して新しい使い道は?	
2	応用できないか?	1	他にこれに似たものはないか?	
		2	何か他のアイデアを示唆していないか?	
		3	過去に似たものはないか?	
		4	何か真似できないか?	
		5	だれかを見習えないか?	
3	修正したら?	1	新しいひねりは?	
		2	意味、色、動き、音、匂い、様式、型などを変えられないか?	
		3	その他の変化は?	
4	拡大したら?	1	より大きく、強く、高く、長く、厚く	
		2	何か加えられないか?	
		3	もっと時間は?　頻度は?	
		4	付加価値は?	
		5	材料をプラスできないか?	
		6	複製は?　倍加は?　誇張は?	
5	縮小したら?	1	より小さく、何か減らせないか（以下、省略）	
		2	濃縮、ミニチュア化	
		3	より低く、より短く、より軽く	
		4	流線型に	
		5	分割できないか?　内輪にできないか?	
6	代用したら?	1	何か代用できないか?　他の構成要素は?　他の素材は?	
		2	他のアプローチは?	
		3	他の製造工程は?　他の動力は?	
		4	他の場所は?　だれかに代われないか?	
7	アレンジし直したら?	1	要素を取り替えたら?　原因と結果を置き換えたら?	
		2	他のパターンは?　他のレイアウトは?　他の順序は?	
		3	ペースを変えたら?　スケジュールを変えたら?	
8	逆にしたら?	1	逆はどうか?　上下をひっくり返したら?　逆の役割は?	
		2	後ろ向きにしたら?	
		3	主客転倒させたら?　他の側面を向けたら?　ポジとネガを取り替えたら?	
		4	靴を替えたら?　テーブルを回したら?	
9	組み合わせたら?	1	ブレンド、合金、品ぞろえ、アンサンブル	
		2	ユニットを組み合わせたら?	
		3	目的を組み合わせたら?　アイデアを組み合わせたら?	
		4	主張を組み合わせたら?	

基本的行動

発想技術を学び、改善のためのたくさんのアイデアを出そう。

no.

09 アイデアの収束と評価

アイデアの発散によりたくさんのアイデアの抽出ができたら、次のステップは「アイデアの収束と評価」となります。

アイデアの収束には「束ねる」ことと、「選ぶ」ことがあります。「束ねる」にあたっては、**KJ法**（アイデアをカード化して、カードに書かれた内容が類似しているものを束ねていくやり方）が代表的手法としてあります。

そして「束ねる」段階が終わったら、次に「選ぶ」ステップに移ります。「選ぶ」にあたっては「評価項目」をきちんと決めたうえで、選ぶようにします。次のような項目が考えられます。

①所要期間

改善に着手してから完了するまでにどのくらいの時間が必要か？

②イニシャルコスト

改善を行うにあたってどのくらいの費用が発生するか？

③ランニングコスト

改善を行った後、継続して発生するコストはいくらかかるか？

④実現性

改善案を実施するとして、狙った通りの成果を出す難しさはどうなのか？

⑤効果

改善案を実施することでどのくらいの効果が得られるのか？

⑥リスク

改善によって生じるトラブルは何が考えられるか？リスクの有無と大小は？

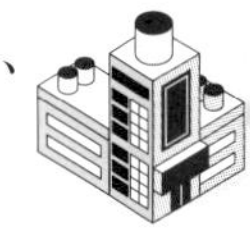

このような**評価項目を決めたうえで、複数の改善案を比較検討することで最善の改善案に絞り込んでいきます。**この段階をきちんと踏まないと、せっかく費用と時間をかけた割には効果の低いものになったり、あとから「もっといいやり方があったのに」と後悔することになるだけに、しっかりと比較検討を行いましょう。

比較検討を経て取り組むべき改善案が決まったら、次にやるのが**「改善実行計画書の作成」**です。

計画書を作成する目的は、「誰が」「何を」「いつ」「どのように」実施するのかを明らかにすることと、どのような改善策を実行するかについて関係する人たちにきちんと理解してもらうためです。さらに計画書があることで、実行に移ってからはその進捗状況を確認できることと、当初の目的からブレないようにすることもできます。

具体的には以下のようなものを作成します。

NO	テーマ名	
概要	対象	
	実施項目	
	意図	
	最終的ねらい	

	目標（どういう状態にするのか）	評価指標名
現状	現在の状態	現状値
改善後	改善後の状態	目標値

スケジュール（何をするのか）														
実施項目（実施手順）		担当		実施スケジュール										
		部署	担当者	20××年									20××年		
				4	5	6	7	8	9	10	11	12	1	2	3
1															
2															
3															
4															
5															
6															

条件（やるために必要なのは）		
費用	投資項目	金額（千円）
	合計	
関係部門	部門	要求する役割

基本的行動

改善案は比較検討のうえ、実行計画書の作成を。

no.

10 IEとは何だろう

第１章02で触れたように、改善手法の代表的なものの１つに**IE**があります。IEというのは、「Industrial Engineering（インダストリアル・エンジニアリング）」のことで、簡単にいうと、**「人・設備・材料・方法・エネルギーなどの経営資源を効率よく組み合わせて、ムリ・ムダ・ムラなくものづくりを行うことを実現するための技術」**のことです。

IEは、製造現場で発生する問題を解決する１つの技術であり、特に生産性向上を実現するために、作業や設備、工程だけでなく、業務や人員計画など広範囲に適用できるものです。

IEは、19世紀末から20世紀初頭にかけて、米国で生まれたもので、「科学的管理法の父」と呼ばれるフレデリック・テイラー（1856年～1915年）と、フランク・ギルブレス（1868年～1924年）によって、その基礎を確立しました。

テイラーは1878年、フィラデルフィアの製鋼所に入社し、当時多発していた組織的怠業（サボタージュ）の問題に取り組みました。当時の仕事は、労働者に一定の作業量を与え、これを超えた場合には奨励金を支給する制度が一般的でした。

ところが、仕事量はその時々の成り行きで管理されており、作業者が一定の作業量をこなせるようになると、雇用者側は与える作業量そのものを恣意的に引き上げる方法を取りました。これでは労働者の不満が高まるのも無理はありません。こうした状況がやがて労使紛争に発展し、労働者の組織的怠業が問題となっていました。

このような状況下において、テイラーは労使ともに納得ができる合理的な賃率（１時間当たりのコスト）を設定する方法として、ストップウォッチを用いて要素作業の時間を測定し、１日の公平な作業量（課業・

タスクと呼びます）を決定しました。そして、課業に基づく出来高払い制を提唱し、生産現場に近代化をもたらすとともに、**科学的管理法による「管理（マネジメント）」**を導入しました。

一方、ギルブレスはボストンの小さな建設会社のレンガ積み工でしたが、一緒に働く誰一人として同じ作業のやり方をしていないことが気になり、最善の方法を発見しようと研究しました。作業を観察する中で、「人が行う作業には必ず唯一最善の作業方法が存在する」ことに気づき、人間の動作を18種類の動作要素に分解して分析する方法を開発しました。結果、ムダな動作を省き、作業能率を３倍近く高めることに成功します。

このようにして**テイラーは「時間研究」、ギルブレスは「動作研究」**として、IEの基本となる考え方を確立しました。

たとえば「自動車をつくる」場合、「どんな自動車をつくるか」は、設計や開発の問題になりますが、「その自動車をどうやったらより良くより早くより安くつくるか」という点に関しては、管理技術が必要になります。求められるのは**「できる限りムダを最小限に抑えて、その価値を最大にするか」**であり、**「作業をいかに無駄なく早く楽に正確にやるか」**という技術です。

これに貢献したのがテイラーやギルブレスによってつくり上げられた「IE」（「オールドIE」または「狭義のIE」）です。これによって生産現場における生産性は飛躍的に向上し、特に日本においては戦後、製造業における品質や生産性の向上に大きく貢献し、世界的に競争力のある高品質・低価格の家電製品や自動車などを生み出すことに成功しました。

具体的行動

日本の製造業の発展に貢献した「IEとは何か」を理解しよう。

no.

11 メソッドエンジニアリングとワークメジャメント

IEは、ギルブレスの動作研究を基礎に発展した「メソッドエンジニアリング」と、テイラーの時間研究を基礎に発展した「ワークメジャメント」という２つの管理技術があります。

1．メソッドエンジニアリング

メソッドエンジニアリングの目的は、「望ましい作業方法」をつくり出すことです。望ましい作業方法を設定するには、たとえば現状の作業や動作の順番を見えるようにする必要があります。その際、大切なのが「どのような大きさで作業を見るか」です。

レベル	ワークユニット	説明	例
6	最終製品 機能・業務 function	目的（完成）を果たすのに必要な作業・業務のまとまった単位。 各工程の集積からなる最終アウトプット。	・自動車組立 ・製造
5	中間製品 大工程 activity	いくつかの工程を経た、中間段階での作業系列のまとまった完成状態。	・エンジンの組立 ・機械加工
4	課業 工程 process	決まった作業域での１つのまとまった作業で、作業のサイクルとして完成をみる単位。	・ギアの加工 ・車体溶接
3	作業 operation	作業として完結する最小単位で、作業の努力度合いや作業結果を具体的に評価できる最小単位。	・材料切断 ・穴あけ
2	要素作業 element	いくつかの動作の組み合わせによって構成される作業の区切り。 ストップウォッチで測定できる最小単位。	・材料を取る ・ハンマーでたたく
1	動作 motion	作業のもっとも小さな単位の区分。 要素作業を構成する測定可能な最小単位。	・手を伸ばす ・つかむ

たとえば「エンジン組立」といった単位で作業を改善しようと考えても良い案は出にくいものです。エンジン組立作業を「材料を取る」「ハンマーで叩く」といったより細かく分解し、「動作経済の原則」（①動作の数を少なくする、②両手を同時に使う、③移動の距離を短縮する、④動作を楽にする）などにのっとって検討すると、「望ましい作業方法」

へと改善することができます。

2．ワークメジャメント

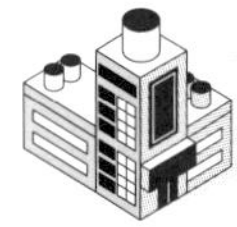

ワークメジャメントの目的は、「設計した作業がきちんと守られているかどうかを管理する」ことです。IEでは「時間研究」で「標準時間」が決められています。「動作研究」が作業者の動作に注目して、ムダのない効率の良い作業方法を考えるのに対し、「時間研究」では、作業を「時間」という視点で捉えて標準時間を設定したり、作業改善を行います。

標準時間の定義は以下の通りです。

①決められた方法と設備で、
②決められた作業条件のもとで、
③その仕事に要求される特定の習熟時を持った作業者が、
④その仕事に就いて訓練され、肉体的に通用するようになり、その職務を十分に遂行できると考えられる状態で、
⑤標準の速さで作業を行う時に、一単位の仕事量を完成させるのに必要な時間

このような標準時間があることによって仕事量の成果を測定することもできますし、１日に製品を何個作ることができるかという生産計画も立てることができます。

そういう意味で標準時間は製造現場において非常に重要なものとなります。テイラーが**「測定なくして管理はない。管理なくして適切なマネジメント活動は行えない」**と話しているように、ワークメジャメントは現場を管理する第一歩であり、現場改善においてもとても大切なものとなります。

具体的行動

動作に着目して作業のムダを省き、時間に着目して作業改善を。

no.

12 労働生産性とは

1．労働生産性の定義

労働生産性は「労働」と「生産性」という２つの言葉からできています。そこで、まずは「生産性」ということについて整理します。

生産性の代表的な定義は、**「生産性とは、生産諸要素の有効利用の度合いである」**というものです。

何かを生産する場合、機械設備や土地、建物、エネルギーや原材料などが必要になります。当然、これらの機械設備などを操作する人間も欠くことはできません。生産を行ううえで欠くことのできないこれらのものを「生産要素」といいますが、**「生産性」というのは、このような生産することによって得られる産出物（製品やサービスなどの成果物）との相対的な割合のこと**をいいます。

生産性＝産出量（アウトプット）／投入量（インプット）

生産性は、それぞれの生産要素の視点から捉えることができます。労働の視点から見れば労働生産性、資本の視点から見れば資本生産性、投入された生産要素すべてに対してどれくらいの産出量が得られたのかという視点で見れば全要素生産性となります。

これらいくつもの生産性の中で、最もよく用いられているのが「労働生産性」です。労働生産性は、投入量を労働量（人数や工数）、産出量を生産量で表します。ここでいう産出量とは、金額や個数、重量、出来高工数（正しい作業時間で良品のみを生産した時の工数）などで表します。

2．労働生産性の３側面

企業にとって労働生産性の向上は大きな課題ですが、労働生産性自体は生産した結果として良かったか、悪かったかを示す指標であり、「なぜ向上したのか」「なぜ低下したのか」を知るためにはより詳細な解析が求められます。そこで労働生産性を３つに分解して、生産性の高低の要因を見える化することで、改善につなげることができます。

生産性の良否を決める第一の要素は**メソッド面（M面）**、つまり作業方法や手順が効率的かどうかです。

第二の要素は**パフォーマンス面（P面）**、つまり決められた作業方法や手順を生産現場できちんと実現しているかどうかです。

第三の要素は**ユーティライゼーション面（U面）**、つまりM面・P面以外の生産性の向上を阻害する要因すべてを含みます。たとえば、生産に必要な部品や部材が供給されず、今日つくるはずのものがつくれないといった状態や、指示書が発行されず作業にとりかかれないといった状態などです。

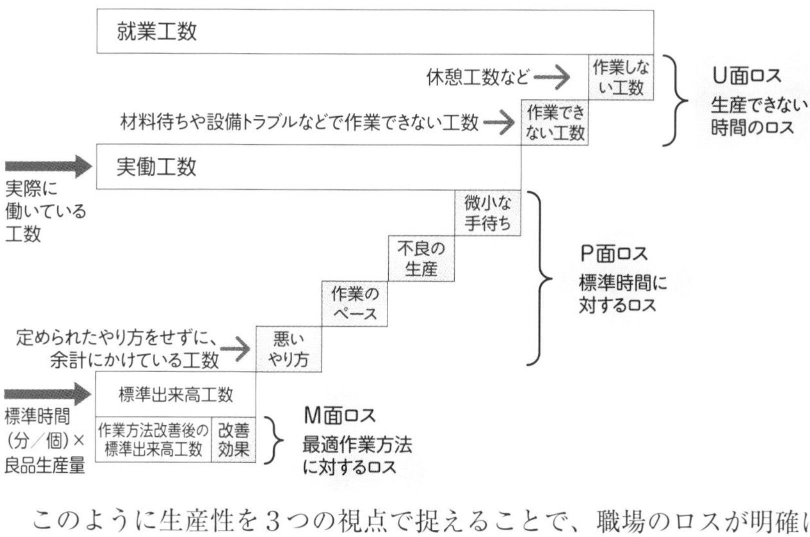

このように生産性を３つの視点で捉えることで、職場のロスが明確になり、大きな効果を得られる現場改善が可能になります。

具体的行動

労働生産性は３つの側面から捉えよう。

no.

13 労働生産性改善の進め方①
改善対象の選定

労働生産性の改善を進めるうえで必要なのは、他の現場改善同様にきちんとしたステップを踏みながら進めていくことと、そのための正しい知識や手法を使うことです。

労働生産性改善の進め方と、各ステップで必要となるIEの現状分析手法は以下のとおりです。

改善ステップ	改善手法
A) 改善対象の選定	・P-Q分析、P-MH分析 ・類似工程分析
B) 現状分析	・稼働分析 ・タイムスタディ（作業分析） ・ライン作業分析 ・連合作業分析
C) 改善案検討	・ブレインストーミング ・ブレインライティング ・ECRSの原則 ・5W1H ・動作経済の原則 ・オズボーンのチェックリスト
D)改善実行	——

「改善案検討」については本章07を参照していただくとして、まずは「改善対象の選定」について解説します。

改善活動を進めるにあたってしばしば陥るのが「目についたやりやすそうな問題」の改善を優先することです。

たしかにその方が簡単ですし、短期間で効果を出すこともできるのですが、**改善活動で最も大切なのはやりやすさではなく、生産現場にとって最も優先度の高い、一番効果が出るところから着手すること**です。そのために大切なのは、ボトルネックとなっている工程を最優先で改善することです。

　ボトルネックとは、生産工程や作業プロセスにおいて、最も手間や時間がかかったり、品質が悪かったりする箇所のことをいいます。生産活動においては、たとえば他の工程が５分に１個のペースで作業をしたとしても、１か所だけ１個をつくるのに10分かかる工程があるとすれば、工場全体では10分に１個以上のペースでつくることはできません。

　つまり、生産性を高めるうえで取り組むべきは１個に10分かかるボトルネック工程で、それ以外の工程をいくら改善したとしても、個々の能率は上っても、全体の能率が上がることはありません。改善でまず取り組むべきはボトルネックとなっている工程なのです。

　次に大切なのが、どの製品を中心に改善を行うかですが、重点となる製品を選ぶために使われるのが①P-Q分析、P-MH分析、②類似工程分析　—　です。

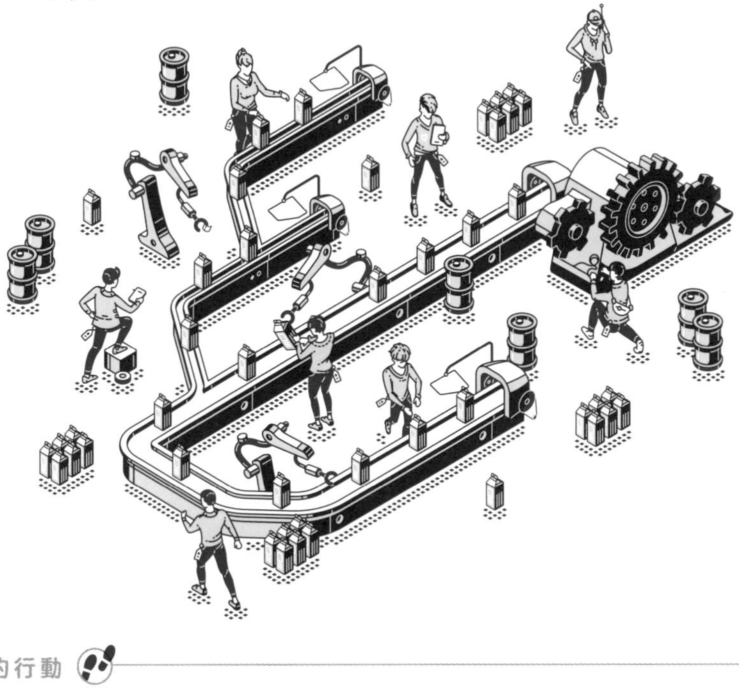

具体的行動

労働生産性改善には、正しいステップを踏み、正しい知識や手法を使おう。

no.

14 労働生産性改善の進め方②
現状分析

改善を進めるうえで、「事実を正しく捉える」ことは最も重要な要素です。現状を定量的に把握し、職場の実態を正しく認識することが改善を成功させる第一歩といえます。

ところが、現実には定性的な表現で現状を認識しているケースも多々あります。

たとえば、

・稼働率が低いから改善しよう。

・作業時間が長いから改善しよう、といっていませんか。

たしかに「低い」ことも「長い」ことも間違っていないのでしょうが、これでは本当の意味で何が問題で、稼働率をどのくらい改善すればいいのか、作業時間をどのように改善すればいいのかが決められません。「改善には標準が必要だ」といわれるように、たとえば稼働率はどのくらいが標準かが決まっていれば、それを基準に「高い」「低い」と判断できますが、標準がなければそれはあくまでも個人の感覚になってしまいます。

改善のためにはまず「現状のまずさ」を数字で捉え、「どのくらい改善するか」も数字で表します。

現状分析の手法には以下のものがあります。

1．稼働分析

稼働分析は、就業時間など、ある時間帯の中での作業者や作業などの状態の時間比率を把握する手法です。目的は３つあります。

①ロスを定量化して、改善のための対象を絞り込む
②生産性向上の余地を概括的に把握する

③おおよその各作業、状態の時間値を把握する

私たちは日々仕事をしているように見えて、そのすべてが付加価値を生んでいるわけではありません。作業の中身は大きく3つに分けることができます。

基本機能作業　—　付加価値を生んでいる作業
補助機能作業　—　付加価値は生み出していないが、基本機能作業のためには必要な作業
不稼働　—　ものづくりをしていない時間

このような視点で職場における稼働分析を行うことで、基本機能作業の比率が全体の何％か、補助機能作業と不稼働は何％かを知ることができます。不稼働はすぐに改善すべきものが多いといえますが、補助機能作業に関しては現状ではすぐにやめることができないものもあるため、たとえばどのように改善すればその作業を少なくしたりなくすことができるかを考えます。

こうした改善を積み重ねることで基本機能作業の比率を高めていくことができるのです。

2．タイムスタディ

タイムスタディとは、作業を要素作業単位のワークユニットに分割し、ストップウォッチやVTRで時間を実際に測定する分析手法です。

目的は3つあります。

①仕事を定量的に把握する
②現在の仕事の構成を明確にし、改善すべき作業の見落としを防ぐ
③改善の第一ステップとして、作業のムダを発見する

改善の目的にかかわらず、現状の定量化には作業の時間値を測定する必要があります。タイムスタディは、現状分析の基本として身につけるべき手法といえます。

3．ライン作業分析

ライン作業とは、組立工程や包装工程など、作業員の作業を一連化（ライン化）させ、ベルトコンベアや手送りにより流れてくるものに部品の取り付けや小加工を行う、流れ作業のことをいいます。

ライン作業分析では、各工程の作業時間を棒グラフ（ピッチダイアグラム）で表し、目標サイクルタイムとの差（バランスロス）を明確にすることで、改善の着眼を得るものです。

- STEP 1　改善対象の選定
- STEP 2　目標サイクルタイム(TCT)の算出
- STEP 3　ピッチダイアグラムの作成
- STEP 4　編成効率の算出
- STEP 5　ライン改善／レイアウト改善

4．連合作業分析

連合作業とは、加工や段取りといった１つの目的を果たすために、複数の人や設備が独立した作業と共同する作業をお互いにもち、相互に作業のタイミングの拘束を受けながら行う作業のことをいいます。

STEP 1 改善対象の選定

↓

STEP 2 現状の定量化

↓

STEP 3 目標サイクルタイム（TCT）の算出

↓

STEP 4 M-Mチャートの作成

↓

STEP 5 連合作業の改善

連合作業分析とは、人や設備のプロセスを互いの作業タイミングを考慮してチャートに表し「単独」「連合」「手待ち・不稼働」の各性質に区分することで、ロスや改善の狙い目を明確にする手法をいいます。

改善活動で大切なのは、改善案を考える以前に、現状を正しく分析することです。ここまで述べてきたIEの現状分析手法は、どれも現状を数値や図表で表し、改善すべきポイントを誰もが目で見てわかるようにするものです。これが現状の定量化であり、現場改善を進めるスタートとなるのです。

具体的行動

改善を進める前にはデータで現状を正しく分析しよう。

no.

15 労働生産性の3側面の改善の進め方

労働生産性はメソッド面（M面）、パフォーマンス面（P面）、ユーティライゼーション面（U面）の3つの側面で見ることができます。

労働生産性を高めるためには、以下のような順番で生産現場を改善していくことで、大きな成果を上げることができるのです。

①良い方法を構築する（メソッド面）
②良い生産方法を順守する（パフォーマンス面）
③良い時間の使い方の運用度を高める（ユーティライゼーション面）

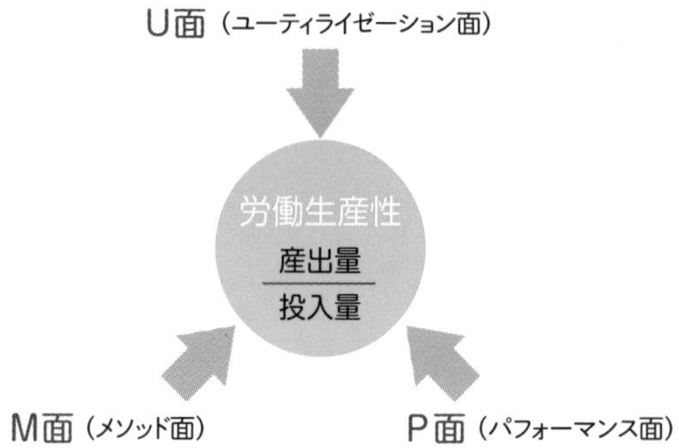

1．メソッド面（M面）の改善の進め方

労働生産性の改善には、メソッド面、つまり作業方法や作業手順の見直しが必要になります。「本章10. IEとは何だろう」で「動作経済の4原則」を紹介しましたが、たとえば「工具や部品の持ち替えが多い」「両手で行える作業を片手で行っている」「ムダな運搬を行っている」といったムダを改善することによって、作業のやり方を見直し「5人作業を2人にする」といった大きな成果を出せるメソッド面の改善が可能になります。

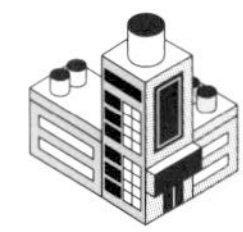

2．パフォーマンス面（P面）の改善の進め方

メソッド面改善によって、もっとも良い標準作業方法が設計されたとしても、現場で実現あるいは維持ができなければ意味がありません。

パフォーマンス改善・管理というのは、作業パフォーマンスを測定(標準時間に対する実績時間の達成度)、結果を見える化して、パフォーマンスが低下した場合などに早急に対策を取る活動をいいます。つまり、作業標準がきちんと守られているかを日々管理し、守られていない場合、作業指導などの是正処置を講じる活動のことです。

パフォーマンス改善・管理で最も重要なことは、パフォーマンス100%の状態を維持することです。なかには作業に不慣れな人もいるかと思いますが、そういう人に対しては熟練者のVTRを見せながら個別指導を行ったり、各人の改善策を一緒に考えるなどこまかな対策も考えます。それにより工場全体の生産性も大きく向上することになるだけに、一過性の活動に終わらせることなく、継続的にPDCAのサイクルが回る仕組みを構築することが理想といえます。

3．ユーティライゼーション面（U面）の改善の進め方

ユーティライゼーション面の改善の狙いは、生産できない時間をなくすことにあります。ユーティライゼーション面のロスをなくすためには、製造現場で改善可能なものはすぐに対応し、改善するためには他部門との協力が欠かせないものがあれば、関係部署を巻き込んだ改善活動を展開するなどすることで、ロスを少しでも減らしていく取り組みを続けていくことが何より大切になります。

具体的行動

労働生産性の向上には3つの側面を順番に進めていこう。

no.

16 TPMとは何だろう

TPM（Total Productive Maintenance & Management）は主に「設備」に焦点をあてた改善方法となります。

TPMは公益社団法人日本プラントメンテナンス協会によって次のように定義されています。

> **①設備効率を最高にすること（総合的効率化）を目標にして**
> **②設備の一生涯を対象としたトータルシステムを確立し**
> **③設備の計画部門、使用部門、保全部門などのあらゆる部門に渡って**
> **④トップから第一線作業員にいたるまで全員が参加し**
> **⑤動機づけ管理、すなわち小集団自主活動により、設備保全を推進すること**

現在では、日常の保全として、点検注油や定期点検が当たり前になっていますが、以前は故障してから修理する事後保全が主流でした。しかし、1950年代にアメリカから予防保全という考え方が導入され、①予防保全から②改良保全、③保全予防、④生産保全へと発展、⑤TPMへと進化してきました。

それぞれの特徴は以下のとおりです。

1．予防保全

予防保全は、設備の故障が起きる前に保全を実施し、設備の故障停止を未然に防止するという考え方です。

実施事項は①日常保全（給油、点検、手入れ、調整）、②設備検査（保全担当者による設備診断）、③予防修理（劣化部位の事前取り換え）——となります。人間でいうところの健康診断や人間ドックのようなものです。

2．改良保全

改良保全とは、①故障が起きないように設備を改良すること、②保全がやりやすいように設備を改良すること　―　をいいます。予防保全が現状の設備を前提に、故障する前に修理することを主眼としていたのに対し、改良保全は、そもそも故障が起こらない設備に改良します。

3．保全予防

保全予防とは、メンテナンスフリーやノーメンテナンスという考え方です。新しい設備の時から故障の起きない、保全のしやすい設備を設計し、保全不要の設備を最大の目的としています。

4．生産保全

生産保全とは、「生産性の高い保全」「もうかる保全」といえます。経済性の観点から、「設備劣化損失」と「劣化を回復するための保全費」を最小にする設備保全のやり方として、生産保全が提唱されるようになってきました。

保全にかかわる費用を最小化するため、設備によってそれぞれの手段を使い分けるという考え方です。

5．TPM

このような設備保全に対する考え方の進化を受けて生まれたのがTPMです。「設備の一生涯を対象としたトータルシステムを確立し、全員参加の小集団で保全を推進する」活動として、多くの企業で導入され、成果を上げています。

具体的行動

設備保全には全員が関心を持ち、全員が参加しよう。

no.

17 設備生産性の構造と設備の6大ロス

TPMの目的は、設備効率を最高にすることですが、そのためには設備生産性（操業時間のうち、どれくらいの時間を良品製造時間にあてられているか）の構造を理解し、設備生産性の向上を妨げる「設備の６大ロス」についても知っておくことが必要になります。

A. 暦時間(365日×24時間)		
B. 操業時間(実際の生産体制:休日出勤含む)	制度上の休止	
C. 負荷時間	計画等休止ロス	定期点検、計画停止、会社行事など
D. 稼働時間	停止ロス	故障、段取り、準備・後始末など
E. 正味稼働時間	性能ロス（速度ロス）	空転、チョコ停、速度低下など
F. 価値稼働時間	不良ロス	工程不良、手直し、試作など

設備総合効率（F／C）＝時間稼働率（D／C）×性能稼働率（E／D）×良品率（F／E）

■設備の６大ロスについて

１．故障ロス

突発的、または慢性的に発生している故障によるロスで、その影響で生産量は減少し、不良の原因となることもあります。故障ロスに関しては、**設備の信頼度をいかに高めるか、故障が起きてから回復までの時間をいかに短くするか**が求められます。

２．段取り・調整ロス

段取り・調整ロスというのは、次の製品を生産するための切り替えや調整の伴う時間的なロスのことです。治具交換後に試し加工なしに良品をつくり出す**一発良品段取りが理想**となります。

3. 立ち上りロス

立ち上りロスというのは、長時間停止後のスタートアップ時や、休日後のスタートアップ時などに、品質が安定して良品を生産できるまでの時間的ロスなどをいいます。熱変異などの影響ですが、改善できるものは改善して、いかにロスを少なくするかが課題となっています。

4. チョコ停ロス

チョコ停というのは、故障とは異なり、一時的なトラブルのために設備が停止したり、空転している状態をいいます。一時的なものであり、ワークの除去、リセットなどで回復するためつい見逃される傾向がありますが、小さなトラブルも積み重なると生産性の低下につながるため、**小さなロスほどしっかり改善すべき**という考え方もあります。

5. 速度低下ロス

速度低下ロスというのは、設備のスピードが遅いために発生するロスのことです。速度低下ロスは効率に寄与する割合が高いため、**設計スピードと実際スピードの差をゼロに持っていく**ようにすることが求められます。

6. 不良・手直しロス

ものづくりの目標はあくまでも「良品100%」です。「ある程度の不良は仕方ない」とか、「不良は手直しして良品にすればいい」と考えるのではなく、**不良ゼロを目標に管理ポイントを再検討する**ことが求められます。

これらの6大ロスを改善することで設備生産性の向上を期待することができます。

具体的行動

設備の6大ロスの改善に徹底して取り組もう。

no.

18 設備生産性改善の進め方

設備生産性向上の進め方も、労働生産性向上の進め方と大きなステップは変わりません。

①改善対象の選定
②現状分析
③改善案検討
④改善実行

上記のステップに沿って、現場で発生しているロスを削減するための改善活動を進めていきます。

その際、忘れてはならないのが次の２つです。

１．設備を使い切るという意識を持とう

労働生産性改善の対象選定と同様に、ボトルネック工程を優先的に改善することになります。特に設備の場合、生産量を増やしていくためには、設備台数の増加を伴いますが、初期投資費用や工場建屋の制約などもあり、簡単に設備を増やすというわけにはいきません。

そこで大切にしたいのが**「設備を使い切る」**という考え方です。

設備というのはメーカーなどから購入して、メーカーが決めたとおりの使い方をしているだけでは、同じ設備を使っている同業他社に勝つことはできません。

「機械に人間の知恵をつける」「知恵の数だけ競争に勝てる」という言い方がありますが、設備を導入したなら、自社なりの知恵をつけて改善を行い、より良い使い方をすることが重要になります。なお、これは無茶な使い方をするとか、正しくない使い方をしようということではあり

ませんので、くれぐれも勘違いしないように。

また、償却期間が過ぎたからという理由だけで新しい設備に代える必要もありません。

たとえ償却期間を過ぎた年功の設備であってもしっかりとメンテナンスを行い、さまざまな改善をすることで十分使えるのなら使ってこそ利益を生むことができます。

生産量を増やすためには新しい設備を入れるのがいい、とすぐに考えるのではなく、改善によって今ある設備のロスを減らし、今まで以上の生産ができるように工夫することも設備生産性を向上させるうえでは大切な考え方なのです。

改善には順番があります。まずは今ある設備を改善することでしっかりと使い、「これ以上は新しい設備を入れた方がいいな」となってから新しい設備に代えるのが、「設備を使い切る」ということなのです。

2．正しいデータに基づいて設備総合効率を算出する

設備総合効率を算出するためには、作業日報や運転日報といった現場の実績データが必要になります。しかし、設備総合効率を算出するのに必要十分なデータが現場で収集・集計できている企業は、実はそれほど多くありません。

もし現場で日々データがとれていない場合には、ある期間を設定して、データを収集することも必要になります。

改善活動は正しいデータがあって初めて、「何が問題か」「どうすれば改善できるか」を考えることができますし、改善の結果を正しく評価することもできるのです。

具体的行動

設備生産性向上のために設備を使い切るという意識を持とう。

no.

19 自主保全の考え方

設備総合効率を向上させるためには、時間稼働率・性能稼働率・良品率を向上させることが必要になります。このうち時間稼働率というのは、負荷時間のうち、どれだけ設備が稼働していたかを示す指標であり、設備が停止している時間をなくすことが、時間稼働率向上の目的となります。具体的には、停止ロスの主要項目といえる「故障」「段取り・調整」「立ち上り」のロスを最小化することが狙いになります。

なかでも設備の故障は長時間のロスにつながります。では、設備が故障した時にどうするかというと、多くの場合、専門保全の人に修理を頼むことになります。設備を動かしている作業者にとって、故障した設備は保全の人に修理を依頼するというのが当たり前の考え方でしたが、そもそもなぜ設備故障は起きるのでしょうか。

故障は、何か１つの大きな欠陥が原因で発生する事例は少ないといわれています。ゴミ、ホコリ、摩耗、ガタ、ユルミ、キズ、変形などの微欠陥が、相互に影響しあって故障を引き起こすことが多いのです。メタル（軸受）焼けという故障の現象は、たとえば、ゴミという微欠陥の重なりがフィルターの詰まりを引き起こし、油切れを起こすことが発生原因の１つです。

そしてこうした故障には前兆（音や臭い、振動など）があり、それらは日頃からその設備を操作している作業員こそが察知することができるのです。

設備保全は、劣化を防ぐ活動、劣化を測る活動、劣化を回復する活動に分かれます。

①劣化を防ぐ活動

正しい操作／清掃・給油・増締め／調整／異常の予知・早期発見

／保全データの記録

②劣化を測る活動

日常点検／定期点検の一部

③劣化を回復する活動

簡単な部品交換や異常時の応急対応といった小整備／故障その他不具合状況の迅速な連絡

上記のうち③の劣化を回復する活動は、専門の保全の力を借りるとして、①の劣化を防ぐ活動や、②の劣化を測る活動に関しては、作業をしている人たち自身ができるのではないかというのが「自主保全」の考え方です。

「自主保全」といっても難しいことではありません。

自分が日頃使っている設備を普段から大切に正しく使うだけでなく、少しでも異常に気づいたら、油を足したり、増し締めをしたり、チリやホコリをはらうといった、**専門家の力を借りなくてもすぐにできることをやるということ**なのです。

生産部門の人は、製品を製造するのが大切な仕事ですが、お客様に「より良いものが、より安く、必要な時に手に入る」ようにつくるためにも、自分が使っている設備に関心を持ち、大切に使うことが求められているのです。

設備というと、どうしても「何かあったら保全を呼ぶ」と考えがちですが、それ以前に**「自分の設備は自分たちで守る」**という意識を持って仕事をすることが設備の生産性を向上させ、自分たちのつくる製品をより良いものにしていくことにつながるのです。

設備を正しく操作する能力に加え、設備の劣化を防ぎ、故障を未然に防ぐ能力は生産現場で働く人にとってとても大切な能力なのです。

具体的行動

「自分の設備は自分たちで守る」という意識を持って仕事に取り組もう。

no. 20 自主保全の進め方

自主保全は以下のような7つのステップに従って進めていくことになります。

ステップ1：初期清掃

設備の基本条件は、①きれいな状態を保つこと、②必要な油が施されていること、③ボルト・ナットのゆるみがないこと　―　の3つです。そのために自主保全の第1ステップでは、長年使ってきた設備を徹底的に清掃し、きれいにするとともに、油を必要としている機器はどこにあるか、給油口は何か所あるかなどを把握することも必要になります。

清掃というのは、単に見た目のきれいさを求めることではなく、結果としてきれいになるということです。設備の隅々まで清掃をしながら、振動や音、温度などの異常も発見できるだけに、「清掃は点検なり」でもあるのです。発見した不具合は「絵札（エフ）」というツールを用いて見える化をして、すぐ処置するようにします。

ステップ2：発生源・困難箇所対策

初期清掃できれいにした設備はできれば2度と汚したくないものですが、なかには何度清掃してもまたすぐに汚れる箇所もあります。もちろん「汚れたらすぐに拭く」ことも大切なのですが、より大切なのは徹底した改善を行うことで2度と汚れないようにすることです。設備からの油、水、摩耗粉のほか、加工上発生する切りくずやバリ、搬入時に持ち込まれるゴミなど、これらをなくすには発生源を断つ対策が必要になります。こうした発生源対策と合わせて、清掃や点検が困難な個所についても、設備の配線を見直したり、点検窓を設置する、計器類を見やすい位置に移動するといったさまざまな改善を行うことで発生源・困難箇所をなくしていくことが求められます。

ステップ3：自主保全基準の作成

ステップ3は、ステップ2で行った改善結果を維持するための基準作りです。基準作成にあたっては、保全箇所、保全項目、保全頻度、担当者、保全方法などを明確にすることが重要です。

さらに基準書はチェックシートとしてまとめておくと、活用しやすくなります。

ステップ4：総点検

自主保全のステップ1からステップ3は「劣化を防ぐ」活動でしたが、ステップ4とステップ5は「劣化を測る」活動となります。ここでは設備教育を受けたインストラクターが作業者への教育・訓練を実施し、設備機構、機能、判断基準を学ぶことで、保全技能の習得を図ります。その上で、設備の総点検を実施し、微欠陥摘出と復元を行います。

ステップ5：自主点検

ステップ4までの内容を日常業務として実施できるようにします。この段階まで正しく実施できれば、職場は見違えるほど変わっているはずです。

ステップ6：標準化

ステップ5までの内容を職場ルールとして標準化し、継続的に自主保全活動を推進していきます。

ステップ7：自主管理の徹底

ステップ6以降では、永続的に自主保全が継続される仕組みづくりを行いますが、人材の育成が主眼となります。保全活動を通して、管理技術・固有技術を習得、向上できれば、企業の競争力の源泉となります。また、活動の目標と会社の目標を整合させて、何のための活動なのかを明確にし、活動を定常化させます。

基本的行動

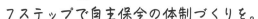

7ステップで自主保全の体制づくりを。

no.

21 性能稼働率向上の進め方とポイント

性能稼働率とは、設備の基準速度から算出される生産量に対し、実際にどれだけ生産しているかを表したものです。設備の性能をどれだけ発揮させるか、つまりチョコ停や速度低下ロスなど性能ロスをなくすことが狙いになります。

これらのロスは発生しているにもかかわらず、故障と違って「とりあえず動いている」ことでロスであるとの認識が持たれないものがあります。たとえば、速度低下はロスではあるのですが、見た目は何の異常もなく動いているため、きちんと測定でもしないとわからないものです。またチョコ停も日常的に発生していると、それが当たり前のこととなり、ロスとしての認識はやはり持ちにくいものです。

このような慢性的なロスが発生するのは、ロスの存在に気づいていないこともあれば、あるいは気づいてはいるものの「このくらい大したことない」と無視しているケースもあります。さらには、ロスとして認識はしていても、対策を打ってもなかなか解決できず、半ばあきらめムードになり、発生したら復帰すればいいという応急処置に重点を置いてしまっているケースもあるようです。

しかし、これではいつまでたっても慢性ロスがなくなることはありません。生産現場においては、チョコ停などがたびたび起きたとしても、とりあえず復帰しなくてはならないため、何とか修復して動かしますが、しばらくするとまた同じようなことが起きてしまいます。

こうしたことをいくら繰り返したとしても、根本的な改善とは程遠いだけに性能稼働率の向上につながることはありません。**できるなら根本的な改善によって慢性ロスをゼロにするというのが理想**です。

こうした慢性ロスを解決するうえで有効とされるのが**「ＰＭ分析」**です。ＰＭ分析というのは、慢性化した不具合現象を、原理、原則に従って物理的に解析し、現象のメカニズムを明らかにする考え方のことです。

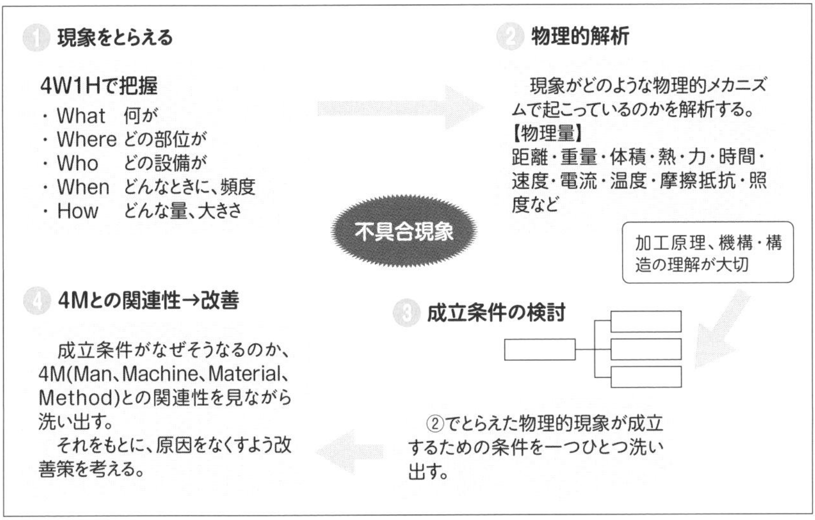

1 現象をとらえる
4W1Hで把握
・What　何が
・Where どの部位が
・Who　どの設備が
・When　どんなときに、頻度
・How　どんな量、大きさ
2 物理的解析
現象がどのような物理的メカニズムで起こっているのかを解析する。
【物理量】
距離・重量・体積・熱・力・時間・速度・電流・温度・摩擦抵抗・照度など
不具合現象
加工原理、機構・構造の理解が大切
3 成立条件の検討
②でとらえた物理的現象が成立するための条件を一つひとつ洗い出す。
4 4Mとの関連性→改善
成立条件がなぜそうなるのか、4M(Man、Machine、Material、Method)との関連性を見ながら洗い出す。
それをもとに、原因をなくすよう改善策を考える。

つまり、慢性化した不良現象に対して、重点思考をするのではなく、原理・原則に則って物理的に解析し、不具合現象のメカニズムを明らかにします。理屈の上でそれらに影響すると考えられる要因を４Ｍの面からすべてリストアップして対策することで、ゼロを達成しようというのがここでのポイントになります。

設備の改善に限ったことではありませんが、生産現場で発生するさまざまなロスや問題は「このくらいはいいか」「大したことではないから放っておこう」と考えるようでは生産性の向上も望めませんし、お客様に「より良いものが、より安く、必要な時に手に入る」ようにつくることもできません。

たとえ小さな日常的なロスや問題にもきちんと目を向けて「ゼロ」を目指します。その積み重ねこそが競争力の源泉になるのです。

具体的行動

大きなロスはもちろん小さなロスまで「ゼロ」を目指そう。

第 2 章

現場改善の基本 その2

―現場改善の視点を広げる―

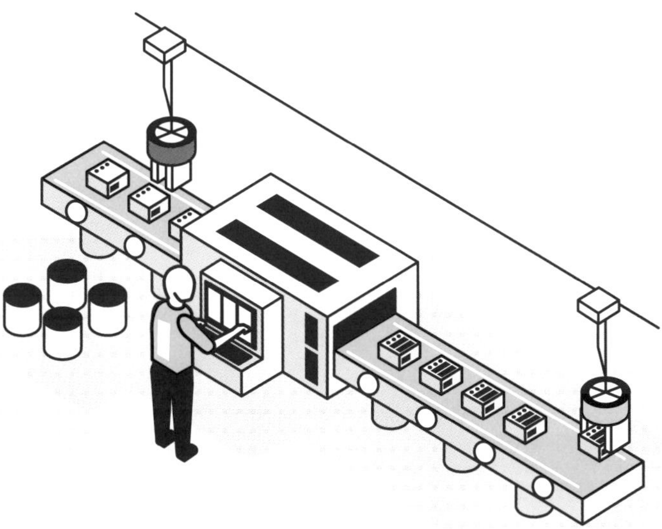

no.
22 品質管理の概要

私たちは何気なく「この製品は高品質だね」という言葉を使うことがあります。しかし、なかには「高品質」という言葉と、「高機能」という言葉を混同して、たくさんの機能がついていれば、それが「高品質」と勘違いしている人もいるようです。「品質」について考える時には、まず「品質とは何か」を理解する必要があります。

「品質」とは「顧客の使用目的を果たすため、製品に備わっている性質（品質特性）のことをいい、顧客の要求や期待にどれだけ見合っているか」をいいます。つまり、**品質というのは、お客様が要求している性質や性能のことで、「お客様が満足する＝品質が良い」といえ、その品物の価値を表す「ものさし」となります**。

製品の品質について、顧客の要求事項を実現するための活動は以下のようになります。

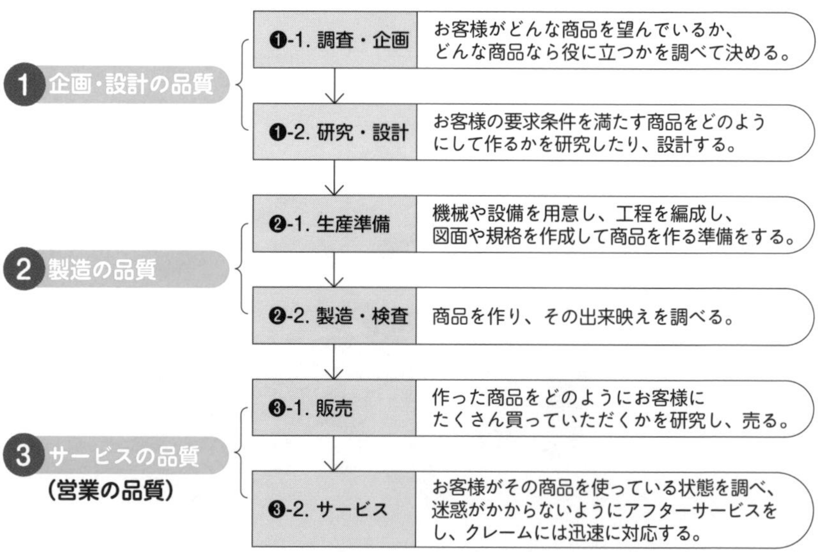

1 企画・設計の品質
❶-1. 調査・企画
お客様がどんな商品を望んでいるか、どんな商品なら役に立つかを調べて決める。
❶-2. 研究・設計
お客様の要求条件を満たす商品をどのようにして作るかを研究したり、設計する。
2 製造の品質
❷-1. 生産準備
機械や設備を用意し、工程を編成し、図面や規格を作成して商品を作る準備をする。
❷-2. 製造・検査
商品を作り、その出来映えを調べる。
3 サービスの品質（営業の品質）
❸-1. 販売
作った商品をどのようにお客様にたくさん買っていただくかを研究し、売る。
❸-2. サービス
お客様がその商品を使っている状態を調べ、迷惑がかからないようにアフターサービスをし、クレームには迅速に対応する。

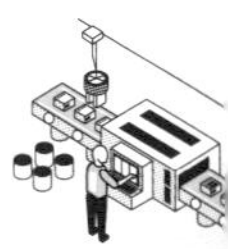

企業にとって品質はとても大切なものです。

お客さまの要求に応える品質のものをつくることができればお客様の信頼を得て、企業としても売上げや利益を得ることができるわけですが、反対に品質の悪いものをつくり、世の中に送り出してしまうと、企業はそれまでに時間をかけて築き上げた信頼を一気に失うことになります。ものづくりにおいてコストやスピードも大切なものですが、それ以上に品質は大切で、**品質の良いものを安定してつくり続けることができてこそ企業はお客様からの信頼を得ることができる**のです。

品質の良いものを安定してつくるうえで問題になるのが「不良」です。

製造の品質とは、寸法や重量が規格内である、外観に傷がないなど、企画・開発・設計が要求する品質を満たすことを指します。言い換えれば、この規格から外れたものが不良となります。

不良が削減できると、顧客の信頼を獲得できるだけではなく、材料費や加工費の低減、検査の工数を減らすこともできます。

また、不良発生による生産計画の乱れ、納期遅れが生じないように予備品を持つこともなくなります。

不良を削減するためのアプローチは、大きく分けて２つあります。

１つは、**「検査」を徹底することによって不良品を後工程に流さない流出防止**です。

そしてもう１つは、**不良を発生させないように工程でつくり込む発生源対策**です。これが「品質は工程でつくり込む」という考え方ですが、そのためには生産の４要素である４Mを最適な条件にすることで、設計品質に対する製品の出来栄えのバラツキをなくし、製品の品質を確保することを指します。

不良を減らし、品質の良い製品を安定してつくるためには、２つのアプローチ、特に「品質は工程でつくり込む」ことが重要になります。

具体的行動

品質は企業の信頼を測るモノサシと自覚しよう。

no. 23 QCストーリーとは

企業にとって大切な「品質」を向上させるために行うのが「品質管理」です。**「品質管理」とは、「顧客の要求を満たす品質の製品あるいはサービスを経済的につくり出すための管理技法」**です。

英語では「Quality Control」といわれ、頭文字をとって**「QC」**と略していわれます。品質管理の活動は、1つは製品やサービスの品質を一定以上の水準に確保して維持すること、そしてもう1つが改善となります。企業では生産部門に限らず、あらゆる業務において効率的かつ効果的に仕事を進めることが求められますが、そのためには業務上発生するさまざまな問題を解決しながら、「より良い方法」を求めていかなければなりません。

これが「改善」ですが、品質における改善の進め方として推奨されているのが「QCストーリー」であり、技法としては「QC7つ道具」と呼ばれる手法があります。

QCストーリーは、PDCAサイクルにしたがった8つの手順からなる品質向上のために有効な手順のことです。

1. 問題の明確化

活動に取り組むための問題を明確にします。「あるべき姿」と現状のギャップを明確にし、品質向上に取り組む重要性を検討します。

2．現状把握

現在発生している不良を製品、工程、現象などの項目に従って「現場・現物・現実」でデータ収集し、現状を定量的に捉えて層別します。

3．目標設定

競合他社との比較などから問題点に対して目標を設定します。

4．要因分析

集計した情報を元に、問題がなぜ発生しているのか、要因を網羅的に、論理的に追求します。

5．対策立案

要因分析を元に、原因の除去となる対策を考えます。

6．実行

いつ、だれが、何の対策を実施するかを明らかにした実行計画に基づいて対策を実施します。進捗状況も見える化します。

7．評価

改善の結果を評価します。目標を達成できていない時は再度要因を解析し、対策を立案し直します。

8．標準化、今後の課題整理

効果が出た施策をもとに、最終的に施策を標準化し、再発防止を行います。また、実行する中で浮かび上がった今後の課題を整理しておきます。

企業にとって品質を向上させることは永遠のテーマだけに、QC活動にも「これでいい」という終わりはありません。「改善は永遠の仕事である」と考え、継続的に品質向上活動に取り組むことが大切なのです。

具体的行動

品質向上活動は永遠のテーマとして取り組み続けよう。

no.
24 QC7つ道具

QC7つ道具というのは、品質に関するさまざまな問題を解決していくためによく使われる品質管理手法をまとめたものです。

No.	手法名	形態	どんなときに使うか	どんなことがわかるのか
1	特性要因図	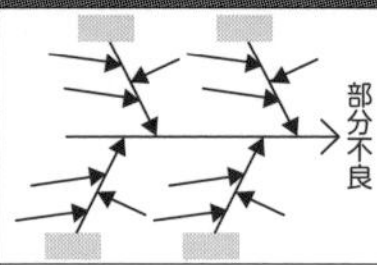	・結果（特性）と原因の因果関係を追究するとき ＊要因分析のとき ＊話合いを系統的、論理的に整理して進めたいとき	・因果関係の全体像がつかめる。 ・特性に対して要因の整理ができる。
2	チェックシート	項目／チェック／合計 キズ／𝍸//／7 汚れ／///／3 不良／𝍸𝍸/／11 その他／////／4	・データを収集するとき ・漏れなくチェックするとき ・現状の実態をつかみたいとき ＊現状把握、要因分析、効果の確認、歯止め、など	・簡単にデータを収集できる。 ・落ちなく確認できる。 ・傾向、バラツキなどがわかる。 ・確認したことが記録に残る。
3	グラフ	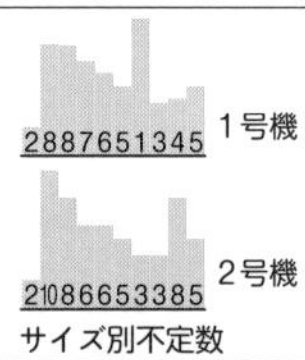	・層（類、属、系）に分けて違いを見出したいとき ＊現状把握、要因分析、効果の把握など、各段階で層別して他の手法を活かす	・傾向や特色がわかる。 ・比較しやすくなる。 ・相関関係がわかる。
4	パレート図	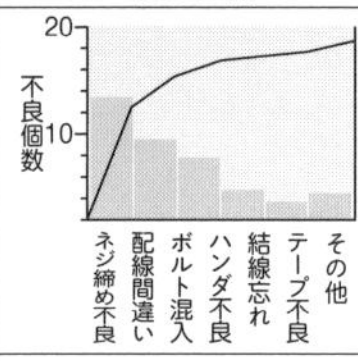	・問題点の絞りこみ ・原因の絞りこみ ・効果の確認 ・重点を絞るとき ＊現状把握、要因分析、結果の把握、など	・何が重要かがわかる。 ・どの原因から手をつけるかがわかる。 ・どのように効果があったかがわかる。 ・重点指向の行動を選べる。
5	ヒストグラム	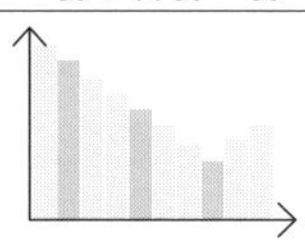	・現状の実態をデータ分布の姿で把握するとき ＊現状把握、要因分析、効果の確認など、各段階	・全体の中心、バラツキの程度がわかる。 ・データの分析の実態がわかる。 ・統計解析の手がかりとなる。
6	散布図	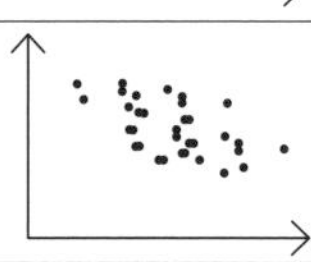	・対応する2つのデータの関係を調べるとき ＊現状把握、要因分析、効果の把握など、各段階	・原因と結果の関係がわかる。 ・結果と結果の関係がわかる。 ・相関の有無とその度合いがわかる。
7	管理図	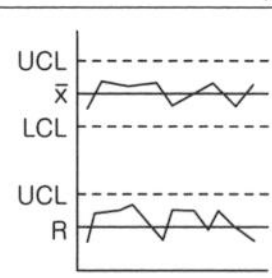	・工程が管理状態にあるかどうかの把握 ・バラツキ傾向の把握 ＊現状把握、要因分析、効果の把握、歯止め、工程の管理、などの各段階	・正常なバラツキ範囲で推移しているか。 ・異常が発生していないか。 ・異常への気配がないか。

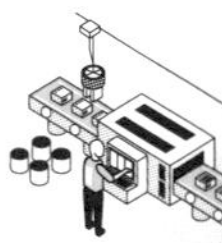

それぞれの特徴は次の通りです。

①特性要因図

問題を引き起こしている原因を特定するために、さまざまな要因を漏れなく抽出し、効率的に調査を進めていくために用いられます。

②チェックシート

チェックシートの使い方の１つ目は、確認漏れを防ぐための道具です。２つ目は数を間違えずに集計するための道具です。

使う目的に応じてアレンジすることが大切で、設備点検などに用いると漏れなく点検することができます。

③グラフ

目的に合ったグラフを選び、だれでも一目でわかるように作成することで、真実を的確にとらえることができます。

④パレート図

問題への取り組み範囲を、重点指向で決定するための判断材料として用いられます。

⑤ヒストグラム

規格値に対してなど、データのばらつき具合や分布を調べる時に用いられます。

⑥散布図

散布図とは、１つの事象に対して、２種類のデータを使って、関係を図に表したものです。２つの特性値間に関係がありそうかどうかを調べる時に用いられます。

⑦管理図

製造工程が安定して生産できているかどうかを調べる時に用いられます。

なお、品質管理の詳細は次章「品質管理の基本」をお読みください。

具体的行動

７つ道具の特性を知り、上手に活用しよう。

no. 25 JITとは何だろう

JIT（Just In Time）生産の本質は、「市場変動に柔軟に適応するような生産の流れをつくること（＝必要な製品を、必要なときに、必要な量だけ完成させること）」ということができます。

そのルーツは、トヨタ自動車の創業者・豊田喜一郎氏にあります。トヨタ自動車は1937年に創業されていますが、当時の日本は今と違って自動車の需要も少なく、自動車先進国のアメリカのような大量生産方式で自動車をつくることは不可能でした。そこから考え出されたのが「必要なものを、必要なときに、必要なだけ」という限られた台数を効率よく生産するやり方でした。

その試みは戦争によって中断しますが、第二次世界大戦後に「自動車先進国アメリカに追いつけるようになりたい」という思いから生まれたのが、トヨタグループの始祖・豊田佐吉氏が自働織機の生産にあたって考案した自働化（不良が出たら機械が自動的に止まる仕組み）と、JITを組み合わせることでムダを省いた効率の良い生産を可能にしようという**「トヨタ生産方式」**です。

1947年から大野耐一氏を中心に、トヨタの工場でその取り組みが始まり、今や自動車業界だけでなく、製造業全般、さらには製造業以外の分野でもその仕組みや考え方が取り入れられるほどになっています。トヨタ生産方式はアメリカなどでも広く利用され、**「リーン生産方式」**とも呼ばれています。

自動車業界発のつくり方としては、フォードの創業者ヘンリー・フォード考案の同じものをまとめて安くつくる「大量生産方式」が最初のイノベーションとすれば、限られた数を安くつくる「限量生産」への移行を可能にしたトヨタ生産方式が二つ目のイノベーションといえます。

JITは、トヨタ生産方式を支える二本の柱の一本として重要な役割を果たしています。

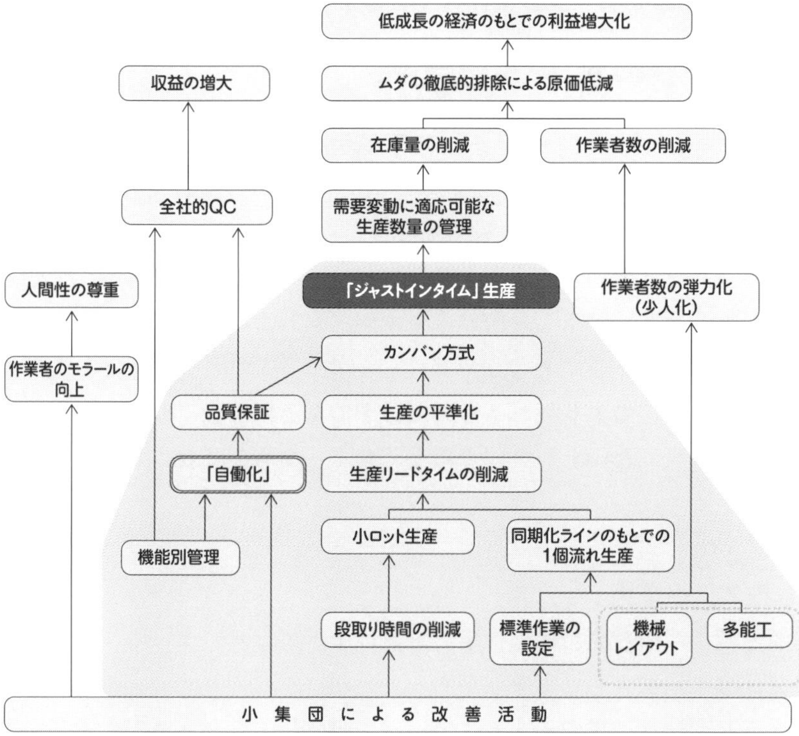

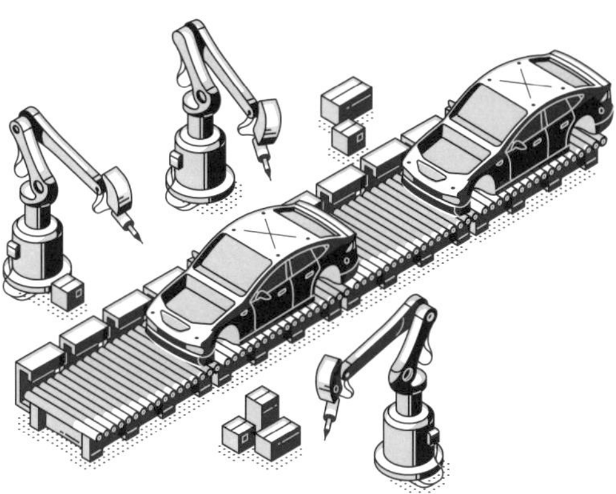

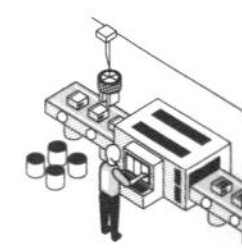

具体的行動

トヨタを成長させたJITについて理解しよう。

no.

26 JITの思想とJITを実現する道具

JITには支える５つの思想と３つの道具があります。

【思想１】大量生産から限量生産へ

同じ製品をまとめてつくる大量生産を行うことでたしかに製品１個当たりの単価は安くすることができますが、もし計画通りに売れなければ大量の在庫を抱えることになります。一方、**JITの限量生産はお客様が必要とする量、つまり売れるものだけをできるだけ安くつくるという考え方**です。売れないものをいくら安くつくっても、それはただのムダなのです。

【思想２】平準化

製造現場に限らず、他の仕事でも月によって、日によって、時間によって仕事の量に大きな山や谷があると、ピークに合わせて人や設備を用意する必要がありますが、それでは谷の時には大きなムダが生まれます。この**山と谷をなくし、日々の生産品種や生産量を同じようにして負荷の変動を減らすのが平準化**です。

【思想３】品質保証

トヨタ生産方式のJITと並ぶもう１つの柱が自働化です。これは不良など異常があれば機械が自動的に止まるというものですが、それを人間が働くラインに応用したのが、**不良などの異常があれば自分たちでラインを止める**という考え方です。こうすることで不良の発生を防ぎ、異常の原因を改善して異常の出ないラインをつくります。JITにも同様の思想があり、お客様である後工程に不良を流さないために、それぞれの工程は自工程で品質を保証するという考え方が組み込まれています。

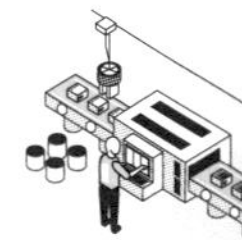

【思想4】広い活動対象範囲

「必要なものを、必要なときに、必要な量だけ生産する」ためには、自分たちの会社だけではなく、部品や素材などを供給してくれる協力会社などの協力も欠かすことはできません。そしてもちろん社内においても調達部門だけとか、製造部門だけといった自分の部署だけの効率を考えるのではなく、会社全体の効率を考える必要があります。

つまり、JITを機能させていくためには自部門での取り組みはもちろんのこと、**会社全体の取り組みや協力会社や販売会社、物流会社なども巻き込んだ幅の広い活動が求められる**のです。

【思想5】取り組み姿勢

トヨタがトヨタ生産方式に本格的に取り組み始めたのが1947年ですから、既に70年以上になります。これだけの時間が経った今でも **「改善活動に終わりはない。永遠の活動」** といい続けています。

JITに限ったことではありませんが、「より良いものが、より安く、必要な時に手に入る」というものづくりへの取り組みも永遠だという気持ちが大切なのです。

JITにはこのような思想があるわけですが、それを実現するためにはさまざまな道具も必要になります。主なものとして3つの道具を紹介します。

【道具1】カンバン

かつては **「トヨタ生産方式＝カンバン方式」** といわれたほど、トヨタ生産方式にとって欠くことのできないものです。ただし、カンバンはあくまでも在庫を減らし、ムダを省いたものづくりを実現するための道具であり、カンバンを使ってさえいればJITをやっていることにはならないということです。

カンバンは今でこそ「電子カンバン」などもありますが、元々は四角い小さな紙切れに「何を、どれだけ引き取るか、何をどのようにつくるか」を書いたものでした。大量生産方式の特徴は生産計画に合わせて前工程から後工程へとどんどんものが流されてきますが、JITにおいては、後工程が前工程に「必要なものを、必要なときに、必要な量だけ」引き取りに行き、前工程は「その引き取られた分だけをつくる」ことになります。

この場合、後工程が前工程に引き取りに行く、この間を引き取り情報または運搬指示情報としてつなぐのが「引き取りカンバン」、または「運搬カンバン」となります。そしてもう1つ、前工程が引き取られた分だけつくるために、生産を指示する「工程内カンバン（仕掛けカンバン）」があります。

つまり、**前工程は自分たちの都合でものをつくることはできず、あくまでも後工程が引き取った分だけをつくるというのがJITの基本**であり、それをいちいち口頭や文書で指示しなくとも、「カンバン」という1枚の紙でできるというところにJITの特徴があり、この「カンバン」を使うことで日々の生産量や生産品種の変更にも対応ができることで「売れに合わせたものづくり」が可能になるのです。

【道具2】プル型生産

「ジャスト・イン・タイム」は豊田喜一郎氏の考案ですが、これを生産現場で実現するために大野耐一氏がヒントにしたのがアメリカで始まったスーパーマーケットの販売方法です。スーパーマーケットでは大量に商品が陳列してあるところからお客様が必要に分だけを購入し、売れたものをスーパーの担当者があとから補充します。

この「売れたものだけを後から補充する」という考え方を生産現場に導入、**「前工程は後工程が使用した分だけを生産する」という仕組みこそが「プル型生産」**といわれるものです。

理論上は売れに合わせてものをつくることで、製品在庫が発生しないことになります。

反対にフォードが考案した大量生産方式は「プッシュ型生産」であり、あらかじめ決定された生産計画に基づいて前工程が生産したものを順次後工程に送っていくことになります。

【道具3】シングル段取り

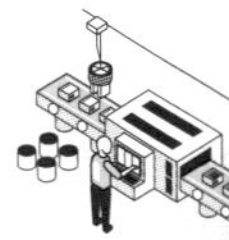

JIT生産の基本は「限量生産」であり、「売れに合わせてものをつくる」ことです。大量生産方式のように、同じものをまとめてつくるのであれば、段取り替えはあまり必要ありませんが、売れに合わせて、限られた量のものをつくる場合には、１日の中で何度も段取り替えを行う必要があります。

もし大量生産方式と同じだけの時間を段取り替えにかけたとしたら、生産性は著しく低下し、働いている人たちの手待ち時間はムダに長くなってしまいます。これではお客様に対しての「より良いものが、より安く、必要な時に手に入る」は実現できません。

この課題を解決するためにトヨタ自動車は早くから段取り替えの時間短縮に取り組んできました。たとえば、かつては自動車のプレス機の段取り替えに何時間もかかっていたものを、１時間を切るように改善した後もさらに改善を続け、10分を切るシングル段取りが可能になり、やがて３分未満のゼロ段取り、１分未満のワンタッチでの段取り替えができるようになりました。

JIT生産において、段取り替え時間の短縮は生命線ともいえるものなのです。

具体的行動

5つの思想と3つの道具を理解してJITに取り組もう。

no.

27 在庫削減の視点

JIT生産の基本は「必要なものを、必要なときに、必要な量だけ」となります。そこでは「在庫は悪」と考えられ、できるだけ在庫を減らすことが求められるわけですが、現実には需要量の変動に対応するためにも在庫を一切持たないわけにはいきません。生産現場にはどのような在庫が存在し、どのように削減すればいいのでしょうか。

1．原材料在庫

生産工程で使用する原料や材料、あるいは部品など外部から購入して、生産工程で使用する前の状態の在庫を指しています。この在庫を削減するためには、発注数量の精度を高めたり、発注頻度を増やしたりすることが重要になります。

2．仕掛り品在庫

生産工程に原材料が投入された後、完成品になるまでの途上にある製品のことを仕掛り品と呼び、この仕掛り品の在庫を指して仕掛り品在庫といいます。削減するためには、完成品になるまでの期間を短くすることと、生産のロットサイズを小さくすることが有効です。

3．製品在庫

生産工程が完了した完成品として保有している在庫を製品在庫と呼びます。削減するためには顧客のニーズや需要量に柔軟に対応できる「売れに合わせたものづくり」と、生産リードタイムの短縮が有効です。

在庫を削減するうえで共通して大切なのは、計画的に入庫と出庫を行うことです。そのためにはどれだけの在庫が存在しているかを正しく把握することが必要ですが、意外と難しいものです。この管理がきちんとできないと、「必要なものはなく、あるのはいらないものばかり」となるだけに注意が肝要です。

大切なのは**流動在庫**（出荷量に対応するための在庫量のことで、需要量と生産能力のバランスを吸収するクッションの役目を果たしたり、受注から納品までの期間と生産期間とのギャップを埋めるための在庫）**と安全在庫**（出荷量の変動や生産完了タイミングの変更に対応するための在庫）**を含めて、適正な基準在庫量を持つこと**ですが、目標としては流動在庫や安全在庫についても徐々に削減して、できるだけ少ない在庫を持ちながら、お客様からの注文には迅速に応えられる生産体制をつくり上げていくことです。

在庫量が適正かどうかを判断するためには、基準在庫量と実際の在庫量を比較するとともに以下のような視点で整理すると、在庫削減の改善案について検討することもできます。

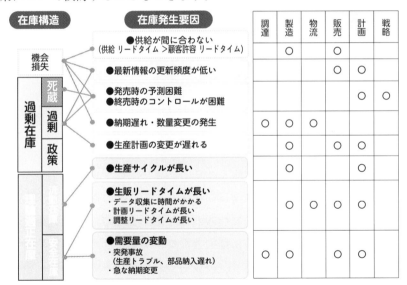

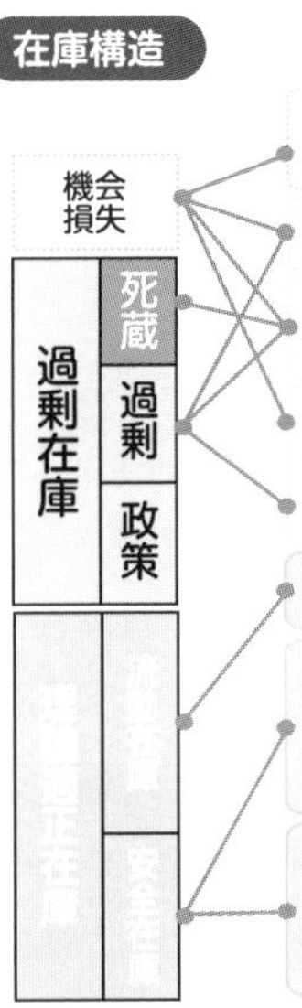

在庫発生要因	調達	製造	物流	販売	計画	戦略
●供給が間に合わない（供給 リードタイム >顧客許容 リードタイム）		○		○		
●最新情報の更新頻度が低い				○	○	
●発売時の予測困難 ●終売時のコントロールが困難					○	○
●納期遅れ・数量変更の発生	○	○	○			
●生産計画の変更が遅れる		○		○	○	
●生産サイクルが長い		○			○	
●生販リードタイムが長い ・データ収集に時間がかかる ・計画リードタイムが長い ・調整リードタイムが長い		○	○	○	○	
●需要量の変動 ・突発事故 （生産トラブル、部品納入遅れ） ・急な納期変更	○	○		○	○	

具体的行動

「在庫は悪」と考えて、在庫に依存しないつくり方を目指そう。

no.

28 リードタイム削減の視点

流動在庫や安全在庫を削減するためには、生産現場で生産ロットサイズを小さくし、生産頻度を増加させ、生産リードタイムを短縮する必要があります。

在庫を多めに抱えたくなるのは、「お客様からの注文に応えられないと困るから」です。せっかくお客様から注文が入っても、肝心の在庫がなければ、注文に応えられません。では、大急ぎでつくればいいではないかと考えても、大ロットでまとめてつくるやり方だと、すぐに対応することはできませんし、仮につくったとしても、大ロットだけに注文以外の製品は倉庫に保管しておくことになります。

結果的にこうした製品が倉庫にどんどんたまって、たくさんの在庫を抱えることになってしまうのです。こうした在庫の山を見て、「これならどんな注文にもすぐに応えられる」と考えるようだと在庫は増える一方ですが、「売れない在庫が多すぎるなあ」と考えれば、何とか在庫を減らそうという改善に向かうことになります。

在庫を減らしながらお客様の注文に迅速に応えるためには生産リードタイムの短縮が欠かせません。

たとえば、お客様からの注文が午前中に入り、午後には生産して出荷することができれば、製品在庫を抱える必要はありません。

とはいえ、お客様からの注文は何種類もある製品のうち、どの製品かわかりませんし、数もいくつになるかはわかりません。つまり、こうした注文に柔軟に対応するためには大きなロットでまとめて生産するやり方では不可能で、注文に応じてどの製品でも小ロットですぐに生産できることが必要になります。

そのためには生産リードタイムの短縮が必要になりますが、そこでは各工程のロットサイズを小さくして、**同期化**（前後の工程で「同ロットサイズ」「同順」「同能力」という３つの条件が満たされること）を実現することが重要になります。

工程前の停滞期間は、各工程が同能力や同順で行うことで短くなりますし、ロット内の停滞期間はロットサイズを小さくすることで短くなるからです。

あわせて工程での作業時間を短縮することで生産リードタイムは短縮できます。

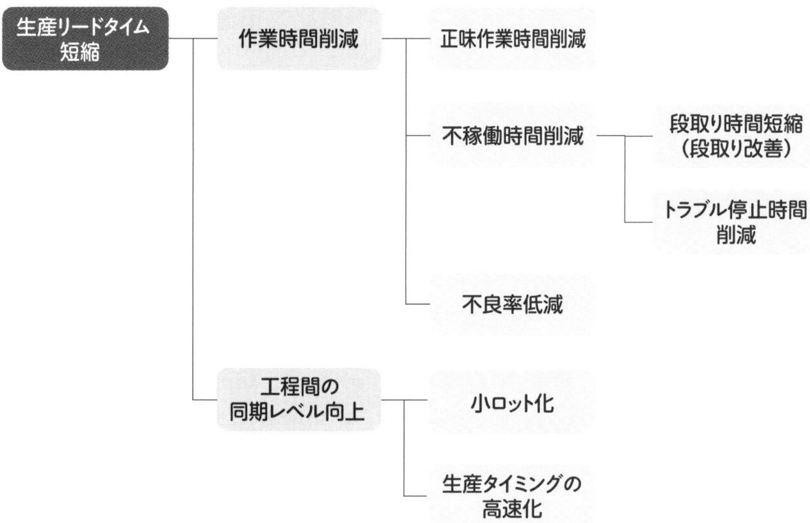

生産リードタイムの短縮を図る際には、現状のリードタイムにどこに問題があるのか、どのような改善をすればいいのかを検討して進めることが大切になります。

具体的行動

在庫削減に向けて生産リードタイムの短縮を実現しよう。

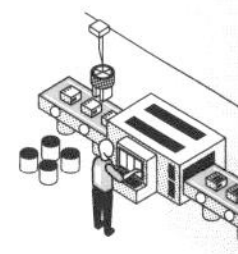

no.

29 在庫管理における現品管理の重要性

みなさんの現場では在庫管理で次のような問題はないでしょうか？

①必要な品物がどこに何個あるかがわからない
②良品と不良品が混在し、間違って不良品を出荷したことはないか？
③製造日の古い製品がいつまでも放置されていないか？
④発注点が表示されておらず、発注し忘れによる欠品はないか？
⑤置き場の最大数量が決まっておらず過剰にものはないか？

このような問題が現場で起きているとすれば、「現品管理」ができていないことになります。

「現品管理」とは、「現在」「何が」「どのような状態で」「どこに」「いくつあるか」という情報を把握して、情報と現物が一致し、さらにその現物が必要な時に、ただちに取り出せる状態にすることをいいます。

現品管理を徹底するために、現品が、どこに、いくつ、どのような状態で保管されているかの情報を一元管理できるように、定期的に見直して情報を整備することが「棚卸し」です。

「棚卸し」というのは、現品の状態を定期的に見直して情報を整備することであり、たとえば生産現場にある在庫をすべてカウントし、システムの数量と合っているかを確認し、合っていなければ差異を修正する必要があります。

実際に棚卸しを行うとしばしば差異が発見されますが、これは日々の現品管理が機能していないことが原因です。現品管理が正しくできないと、生産計画も正しい数量で立案できませんし、必要な原材料の調達や人員の配置にも影響が出るだけに、まずは現品管理を徹底して、在庫量を正しく把握するようにしましょう。正しい数字があってこそ、在庫削減も徹底することができるのです。

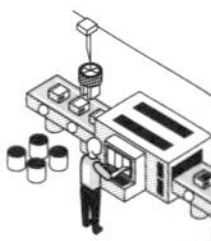

区分	問題点	チェック項目	Yes	No
品質面	現品品質	保管時にキズや汚れが付きやすい置き方をしている。		
		さびている部品を放置している。		
		精密部品で、温度・湿度管理が必要なものについての管理の徹底がされていない。		
	誤出荷	ロケーション管理が徹底されていない。		
		部品棚に、品番のネームプレートが付けられていない。		
		検査ずみ部品か、検査待ち部品かわからない。		
		ピッキングリストがなく、現場作業者が払い出しを行っている。		
コスト面	保管効率	倉庫内において保管、通路、仮置き場、台車置き場などの区分が明確でない。		
		ものの大きさに合わせたラックの高さを設定していない。		
		同じ材料・部品が、倉庫内、部品工場、組立工場に分散して置かれている。		
	入出庫作業の効率	入出庫専任の担当者がいないため、発注担当者や現場作業者が入出庫業務を行っている。		
		納入業者に入庫、格納、倉庫整理をやらせている。		
		ピッキングリストがなく、ロケーション管理が徹底されていない。		
		部品棚に、品番のネームプレートが付けられていない。		
デリバリー面	棚卸し精度	材料・部品について、正確な在庫数がつかめる状態になっていない。		
		期末の棚卸しに膨大な工数、時間がかかる。		
	欠品	材料・部品について、正確な在庫数がつかめる状態になっていない。		
		欠品が多く、ピッキング時にはじめて気がつくケースが多い。		
		部品のキット・セット化要求には対応できない。		

具体的行動

現品管理を徹底して在庫量を正しく把握しよう。

no.

30 小ロット化のための段取り改善の進め方

生産リードタイムの短縮には小ロット化が欠かせませんが、そのために必要なのが段取り替え時間の短縮です。

段取り替えとは、前に生産していた製品から次の製品を生産するために、設備やラインの設定を変える、あるいは使用する金型や金具を交換するなど、次の製品を生産するための準備を指します。

段取り停止時間は、「段取り停止回数×一回当たりの段取り停止時間」の掛け算で決まります。そのため、段取り停止時間を削減するためには、段取り回数を削減するという方法と、一回当たりの段取り時間を短縮するという２つの方法があります。

同じものをまとめて生産すれば、段取り替えの回数は減らすことができますが、生産リードタイム短縮のために小ロット生産を行おうとすれば、段取り替え回数は自ずと増えることになります。

その場合、段取り替えに要する時間が大量生産の時のままだとすると、段取り停止時間ばかりが増えて、設備の稼働率は低下、コストも上昇することになります。そうならないためには段取り停止回数が増えても設備の稼働率が低下しないように、段取り停止時間を短縮する改善が不可欠なのです。

段取り替え時間を短縮するためには以下のステップが必要になります。

１．内段取りと外段取りの分化

段取り作業を整理すると、設備を停止しなければできない「内段取り」と、設備を停止しなくてもできる「外段取り」に分けることができます。段取り替え時間の短縮のためには、まずこの２つをはっきりと分けたうえで、外段取り作業は、設備が稼働している間（前製品・次製品の稼働中）に行えるようにすることが大切になります。

2．外段取り化

次に分化された内段取り作業を外段取り作業に転化する、いわゆる外段取り化を進めます。

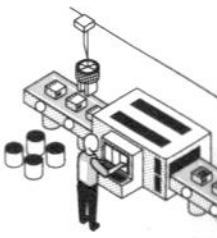

- □準備・運搬を段取り作業前にできないか
- □後片付け清掃は、後にできないか
- □測定は後でできないか
- □段取り中の打合せは、あらかじめできないか
- □刃具などのプリセット化はできないか
- □予熱・予冷はできないか

3．作業改善

その次に外段取り作業、内段取り作業それぞれをより効率的に行えるように作業改善を行います。こうすることで段取り替え時間を短縮することが生産リードタイムの短縮につながっていくのです。

4．調整作業の調節作業への転化

段取り替え作業の最後には、次製品が良品になるために試加工や調整が行われますが、この段階を現場でよくある「これはあの人にしかできない」のままにすると、時間の短縮は実現できません。「あの人にしかできない」調整作業を、機械に置き換えたり、機械的にできる「調節」にすることも時間短縮のためには大切なことなのです。段取り替えに限らず、**「あの人にしかできない」を「誰にでもできる」に変えていくことも改善では大切**になります。

具体的行動

段取り替え時間を短縮して小ロット化生産を可能にしよう。

no. 31 構内物流改善の進め方

小ロット化をして生産リードタイムを短縮するためには組立を行う部門だけでなく、組立に必要な部品や原材料を供給する部門のやり方も改善する必要があります。

ライン作業への部品供給方式は大きく分けて２つあります。

①ラインサイド供給

ラインサイド供給とは、ラインの各工程のラインサイドに組立に必要な部品を供給することです。部品倉庫から組立に必要な部品を選定し、工程別に供給していきます。その際、構内物流作業者は部品ごとにピッキングを行い、部品ごとに運搬を行うことになります。

ピッキングの工数は少なく、供給の工数は工程数が増えれば増加することになります。組立の品質面に関しては、工程担当者が部品をつけ忘れたり、誤った部品をつけたとしても、最後まで気づかないこともあります。

②ラインヘッド供給

ラインヘッド供給とは、１つの製品の組立に必要な部品をまとめてラインの先頭に供給する方式のことです。ラインヘッド供給は、ラインの先頭に必要な部品をまとめて供給しますので、ある製品が組み立てられるのに必要な部品だけを揃える必要があります。この作業をキッティングといいますが、キッティングにより必要な部品が製品単位でまとめられ、製品単位でラインに供給されることになります。

ピッキングの工数は増加しますが、ラインヘッドに供給するだけなので、供給の工数は減少します。組立の品質面に関しては、供給された部品がなくなれば、組立完成となりますので、部品のつけ忘れや誤った組立などは防ぎやすくなります。

部品の供給方式は、部品の特性などによって決まることになりますが、次にはどのように効率的に供給を行うかということを決めることになります。供給の方式は2つあります。

①シンクロ供給

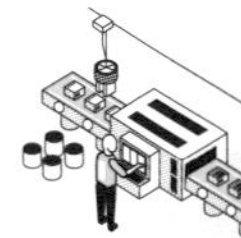

作業者が組み立てるタイミングに同期させて、部品を供給する方式です。たとえば5分で一台の製品が完成するラインがある場合、15分間隔で3台分の部品を組み立て順序に供給するというやり方です。

②ダイヤ供給

「ダイヤ」というのは列車のダイヤと同じ意味です。

部品を供給すべき場所、タイミングに供給できる計画を組んで、計画に沿って部品供給を行うというやり方です。

上記のどちらを使うにしろ、求められるのは作業をする人のもとに、「必要な部品が、必要な時に、必要な量」だけ供給されるということです。当然、量やタイミングが求められますが、リードタイムを短縮してムダのないものづくりを行うためには、品質も重要になります。組立作業でつけ忘れやつけ間違いを防ぐためには、作業をしている人が「判断する、選ぶ」といった余計なことをしなくてもいいようにすること、つまり**正しく並べられた部品をそのまま手に取ってつけるだけでいいようにすること**です。部品も必要な数だけしか供給されなければ、つけ忘れもその場で気づくことができます。

どの部品をどの方式で、どのように供給するかは、構内物流の効率化、そして生産性の向上に関係する大切なことなのです。

具体的行動

ムダのないものづくり実現に向けて構内物流を改善しよう。

no.

32 成果の出る現場改善

生産現場の改善に取り組む中で、最も大切にしなければいけないのは、**改善した結果により得られる効果（「改善成果」と呼びます）が、経営成果に直結しなければいけない**ということです。

改善成果とは、改善することにより生産性が向上する、稼働率が上がる、不良が減るなど、現場で測定することが多いと思います。一方、経営成果とは、企業の業績を示す財務諸表に表される売上や原価、資産の額などを変えることです。

特に製造現場に投入している資源（人、設備、材料）は、損益計算書に出てくる製造原価の大部分を占めるだけに、現場改善の成果は損益計算書の成果となって表れることを期待されています。つまり、企業として原価を下げることで利益を増やすことが現場改善の目的でもあるのです。

製造原価は材料費、労務費、経費に区分され、それぞれの科目も多岐に渡りますが、大切なのは現場改善によってどの費目の低減を進めるのかという対象の費用を決めることです。現場改善を日々進めることによってそれなりにコストダウンが進むことももちろんありますが、より積極的な取り組みをしている企業は、どの費用を低減するために、どんな活動をするかという、最初からコストダウンを狙うことで成果を出しています。

たとえば、JIT生産を行えば、リードタイムの短縮が可能になり、在庫を削減することができますし、労務費の低減にもつながります。このように現場改善ははっきりと目標を持って実施することで経営成果につなげることができるのです。

改善成果を経営成果に直結させるためには、生産現場全体の目標を職場や工程単位などに細分化した目標にブレークダウンする（「目標展開」

といいます）ことが重要になります。

目標展開には２つの解釈があります。

①必要性の目標

必要性の目標とは、全社的な利益目標などから工場全体でどのくらいコストダウンしなければいけないのか。そのためにはこの職場はどのくらいコストダウンしなければいけないというように、上位の目標を下位の目標に割り付けることです。

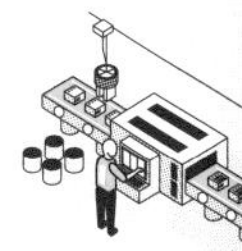

②可能性の目標

可能性の目標とは、このような改善ができるから、それらを実施するとどの程度のコストダウンができ、それらを積み上げるといくらのコストダウンの可能性があるというように、可能性から決める目標のことです。

この２つはどちらかを選ぶというものではありません。企業が利益をぅみ成長するためには必要性の目標は是非とも達成しなければならないものです。その目標に到達できるように可能性の目標を積み上げるのが、正しい目標展開の姿なのです。

目標展開の手順

たとえば企業全体の利益目標を達成するために、工場として「30％のコストダウン」という目標を達成する必要があるとします。これは企業全体での利益目標の必要性から設定されたものですが、工場としてはこの目標を達成するために、「どの費用をどれだけ低減したら良いかを、コストの費目別に割り付けていく」ことになります。

但し、この時に気をつけたいことの１つが、すべての費目に一律の目標を設定してしまうことです。たとえば、全体で「10％低減」という目標があった場合、「じゃあ、どの費目も10％低減だ」としてしまうと、改善余地の大きな費目とそうでない費目があるだけに、前者は簡単に低減したうえにさらに余力を残してしまうのに対し、後者は余程の無理をしないと低減できないことになってしまいます。

すべての費用を同じように改善しようとしても、改善しきれないことが多いだけに、**費用の大小や改善の難易度などを考慮しながら全体目標を達成できるように費用ごとの目標を決める**ようにしましょう。

費目別のコストダウン目標が決まると、続いてコストの構成要素別に目標を割り付けます。たとえば、材料費のコストダウン目標が決まると、ついで製品別、材料別、サプライヤー別にコストダウン目標を決めていきます。労務費であれば、製品別や職場別に目標を決めます。

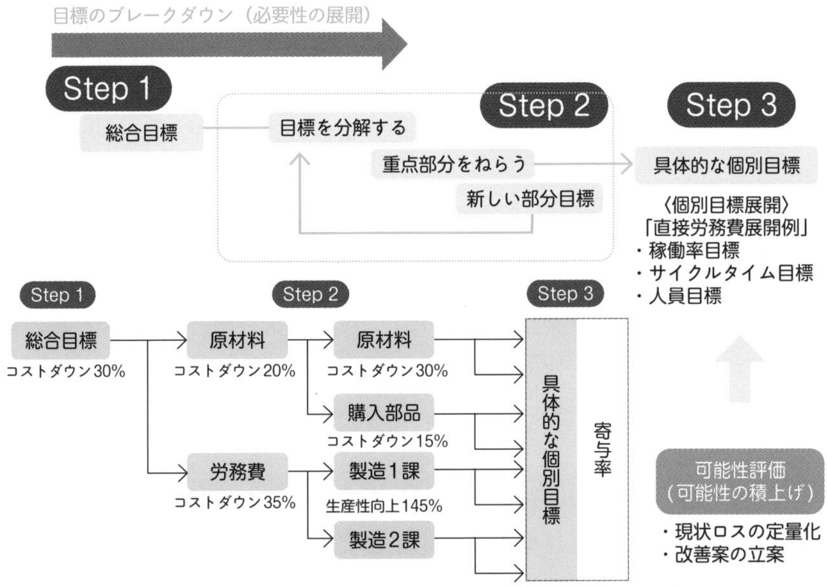

上記のような手順で費目別、構成要素別にコストダウンの目標が決まると、次にコストダウン目標を現場管理指標に置き換えて必要性の目標を展開します。たとえば、ある職場のコストダウン目標が10%とすると、生産性を何%向上すればいいのか、材料の使用量を何%削減し、歩留まりを何%にすればいいのかという現場管理指標の目標に置き換えます。

もちろんそのためには現場管理指標の現状の数値が正しく把握できていることが欠かせませんし、「どこをどのように改善すればどの程度の改善が期待できるのか」などを理解しておくことも不可欠です。こうした前提を抜きにして、やみくもに「何が何でも20%のコストダウンを」とやってしまうと、ただの精神論、絵に描いた餅に終わるだけに、日頃から自分たちの職場のさまざまな数値を正しく理解し、日頃から改善に取り組んでおくことが大切になります。

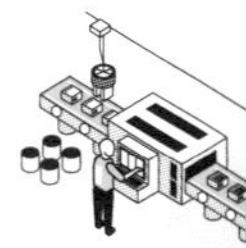

こうして目標が設定され、施策がすべて実施されることで目標をクリアすることができれば一番いいのですが、施策がすべて実行されたとしても、狙った通りの成果が出るとは限りません。

その際にはさらなる施策を実施することで必要目標をクリアすることが大切になります。一旦、目標を掲げた以上は、「がんばったけどできなかったね」ではなく、目標が達成できるまで「やり切る」ことが重要なのです。

目標を掲げたものの、「できなかったね」を繰り返していると、目標そのものが形骸化して、誰も本気で目標達成に取り組もうとはしなくなります。

目標は「やり切る」ことで職場を改善し、会社の業績向上に寄与し、人を育てることになるのです。

具体的行動

目標は現場管理指標にまで落とし込み、目標達成までやり切ろう。

no.

33 部門連携の重要性

現場改善を進めるにあたって重要なことの１つが、**他部門との連携**です。現場改善というのはある部門だけ、ある工程だけががんばってもダメで、仮にある工程ががんばって改善に励んだとしても、前後の工程の改善が進んでいなければ、「個々の能率」が上がったことで、かえって「全体の能率」が低下することもあります。

そうならないためには現場改善を進めるにあたっては、他部門との連携が不可欠なのですが、日本企業では特に部門連携を苦手にしている企業が少なくないようです。たとえば、どのような連携が考えられるでしょうか。

●生産部門と生産技術部門の連携例

・生産部門で改善要望のあった設備改良を生産技術部門で実施する。

・生産技術部門で工程改善を行い、生産部門に実施指導をする。

●生産部門と開発部門との連携例

・生産部門で設計変更を行い、開発部門で設計変更を具体化する。

・新使用素材について取り扱い方法、加工方法などを生産現場で指導する。

これらはほんの一例ですが、現場改善というのは生産部門だけがやればいいというものではありません。もちろん生産部門は日々改善に取り組みますが、その過程でたとえば「何種類もある接着剤の入った缶のデザインが同じで品番でしか見分けられず間違いやすい」とか、「正しい方向にセットしないと作動しない部品が間違った方向にでもセットすることができるためセット不良が起きる」といった問題が生じた場合、これらは他部門や、場合によっては協力会社などとの連携なしには改善できないこともあります。

つまり、**改善をより効果あるものにするためには、自部門だけでなく、できるだけ幅の広い部門や会社との連携こそが必要**なのです。そしてこうした連携は、どちらかが一方的にお願いするのではなく、**双方向の協力関係**があって初めて成立します。

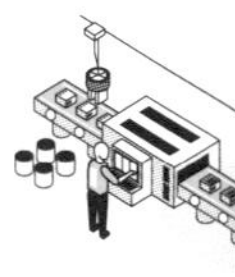

にもかかわらず、あの部門がやってくれないから自部門の改善が進まないということは起こしてはいけないことで、あらためてそれぞれの部門が行うべきことを明確にして、実行していくことが重要です。

そのためには**各部門が目標を展開した後に、全部門で行うべき現場改善施策を共有化し、部門連携施策を明確にします**。改善施策のなかには、ある部門が得をするが、ある部門が損をするというようなトレードオフの関係にある施策も存在するかもしれません。また、部門連携が必要な施策で担当者が決まらない場合もあるでしょう。このような障害を越えて、全部門が納得するように部門連携施策を設定し、担当者を決めることが大切です。

その際、担当者に求められるのは**「全体最適」の視点**であり、場合によっては担当者任せにするのではなく、各部門長が部門連携の必要性を認識して協力する、あるいは部門長の上位役職者がきちんと指示を出すことも必要です。

こうした全社的な取り組みがあってこそ現場改善はより大きな成果を上げることができるのです。

具体的行動

現場改善は「全体最適」の視点で取り組むようにしよう。

no.
34 改善管理のポイント

現場改善はやっているけれども、成果が思うように上がらないとき、次のような問題が起きていないでしょうか？

- **改善施策は担当者任せで、進捗状況はよくわからない**
- **改善を進めている途中で問題が発生して、その問題が解決しないままにストップしてしまう**
- **改善施策の結果報告は行うが、途中の経過報告は行っていない**
- **がんばって改善を始めるものの、いつも目標を達成できない**

これではせっかくの改善活動も成果の期待できないものになってしまいます。このような問題は、改善の管理がうまくできないことから起きています。

こうした問題を解決するために取り組むべきは、**①会議体を設定する、②成果とプロセスの状況を見える化して管理する** — ことです。

会議体というのは、進捗管理を行うために関係者が集まって行うミーティングのことです。現場改善というのは、担当者がそれぞれ改善を進めればいいというものではなく、すべての関係者が改善がどのように進んでいて、どんな問題があり、その問題にどう対処するかを明確にしながら推進する必要があります。

こうした会議体がないと、改善がどのように進んでいるのか、成果は出ているのか、問題はないのかに気づくことができないままに進み、結果として成果の上がらないものになってしまうのです。

進捗管理では成果とプロセスの両方を管理します。

プロセスを管理するためには、最初の計画段階で「誰が、何を、いつまでに、どうやって」が明確になっていることが必要ですが、そのうえ

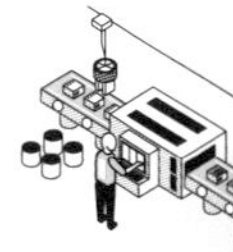

で定期的に進捗状況を見える化して、もし計画通りにいっていないとすれば、何が問題で、解決策としては何があるのか、といったことをきちんと追求し、実行していきます。

もう1つの成果の見える化については、たとえば定量的な成果は極力グラフ化するなど、全員が容易に今の状況を理解できるようにします。グラフにすると、過去からの傾向や今の実力など、かなりのものが見えるようになります。

なぜこうしたことが必要かというと、改善活動を行う場合、スタートして2～3か月は一生懸命やるのですが、時間が経つにつれて活動する時間が減少し、実行されなくなる傾向があるからです。

改善に限らず、プロジェクトというのはスタートは華々しく、期待も高く、担当者もやる気に満ちているのですが、時間の経過とともに関心は薄れ、やる気も失せ、いつの間にか、「えっ、そんなのあったっけ？」となることがよくあるのです。

改善活動も最初のうちは成果も上がり、いいのですが、しばらくすると成果が出にくくなり、ある種の踊り場に差し掛かって、やる気がなくなっていくことがあるだけに、その活動の進捗状況や成果を見える化することで、みんなが関心を持つことが停滞を食い止め、停滞を打開していく力になります。

改善活動に一生懸命に取り組んだ結果、狙った目標を達成し、その活動が評価されることで、参画したメンバーのスキルや意欲は向上し、次のチャレンジにつながります。このような改善のサイクルを早期に実現・定着させることが、企業の改善力を高め、現場力を高めていくことになるのです。

具体的行動

改善活動のプロセスと成果を見える化して現場力を高めよう。

第3章

品質管理の基本 その1

―QCストーリーと7つ道具―

no. 35 品質管理とは

「品質とは何か」については第２章で述べたとおりですので、本章では日本における活動の歴史を中心に品質管理の歴史を簡単にまとめておくことにします。

近代的な「品質管理」は1920年代から第二次世界大戦にかけてアメリカで生み出されています。1924年、アメリカのベル研究所のシューハート博士が大量の製品の品質を全体的にまとめてつくり込むために、統計的手法を品質管理に活用することを提案しますが、これが現代的な意味での品質管理の出発点となります。

しかし、この段階では企業が実際に実施することはあまりありませんでした。品質管理活動が企業において本格的に行われるようになるのは、第二次世界大戦中にアメリカ軍が戦争に用いる膨大な数の兵器の品質を確保するために統計的抜き取り検査（同製品・同条件・同時期で製造した製品の集まりであるロットから一部の製品を抜き取って検査を行い、その結果からロットの合否を判定する方法）を採用してからです。これがきっかけとなって、統計的抜き取り検査が民間企業の受け入れ検査でも活用されるようになります。

これが品質管理の実施的な出発点となります。

第二次世界大戦後、GHQが日本の占領行政を行うにあたり、日本の通信施設での故障が頻発したため、通信状況を改善するためにアメリカから品質管理の技術者を呼び、電気通信機器メーカーを対象に品質管理の指導を行いますが、この考え方が他業界に広がります。

その後、1950年に勃発した朝鮮戦争により朝鮮特需が発生し、日本の製造業は復活へと向かいますが、当時の日本製品の品質はまだ問題が多く、「安かろう悪かろう」といわれることも多かったのです。日本の工業を発展させ、海外に向けて日本製品を輸出するためには、品質の良いものをつくらなければならないというのが日本企業の思いでした。

1950年、「日本の品質管理の父」と呼ばれるデミング博士が来日、統計的品質管理に関する講演を行い、管理図や抜き取り検査などを含む統計的手法を講義したほか、デミング博士からの講演料の寄付を受けて、日本科学技術連盟によって、品質管理のデミング賞（品質管理の向上や経営品質の効率化に貢献した者に与えられる賞）が創設され、多くの企業がデミング賞の受賞を目標に活動するなど、品質管理が普及する基礎が確立されました。

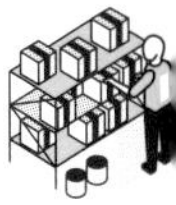

その後、1950年代にアメリカのGEのファウゲンバウム博士によって提唱されたTQC（総合的品質管理手法。製造部門中心のQC活動に対し、全部門・全社員で取り組む活動のこと）が日本に導入されたことで、日本ではトップから現場までを含めた全員参加のTQCが盛んに行われるようになります。

その甲斐あって日本企業のつくる製品の品質は世界的に高い評価を受けるようになります。同時に日本流のTQCも世界で注目されるようになり、アメリカで「TQM」と呼ばれるようになったことから、日本でも現在ではTQMとなっています。

このようにアメリカで生まれた品質管理は日本に輸入され、日本流に発達することで日本のものづくりの品質を向上させるために大きな役割を果たしたわけですが。その過程で誕生したのがQCサークル活動（全部門、全社員による小集団での改善活動）や、第２章で触れた「QCストーリー」や「QC７つ道具」「新QC７つ道具」などです。

以下、これらを詳しく説明することにします。

具体的行動

品質管理の歴史を知り、品質管理の果たした役割の大きさを知ろう。

no.

36 QCストーリーには2種類ある

QC活動における問題解決に際しては、QC的な見方や考え方が重視されます。

方法面の特徴は、問題を効率的。科学的に解決していくところにあります。そのために使われるのが**「QCストーリー」**で、決められた手順に沿って問題解決活動を進めていきます。

また、QC的問題解決法では、問題を科学的に解決するために、「事実に基づく」判断、つまりデータの収集と分析を何より重視します。そして収集したデータは、「QC７つ道具」や各種統計手法で分析します。

QC的問題解決法における思想面の特徴は、以下の３つになります。

①**重点指向** — 効果の大きなものから優先的に手を付けていこうという考え方
②**ばらつきの重視** — 同じ結果が得られないという状況に着目して、問題の原因を探求しようという考え方
③**プロセスの重視** — 不良品などができるのは、つくり方に問題があると考えます。良い製品を安定してつくるためには、問題のあるプロセスを改善すればいいという考え方

QCストーリーには「問題解決型」と「課題達成型」の２つがあります。

１．問題解決型

既に見えている問題を対象に、現場からの提案を採用して改善する活動のこと。大きな改善、改革を必要とするテーマではなく、日々の仕事を進める中で発生するムリ・ムダ・ムラが改善対象となります。

2. 課題達成型

将来起こりうる可能性のある課題を対象に、対策を講じる活動のこと。職場において今起きている問題ではなく、会社の中長期的な経営課題、つまり新規事業計画や新製品開発、新技術開発などの新しいプロセスの設計・導入時に想定される課題を改善します。

課題達成型において取り扱う課題の多くは抽象的なもののため、活動テーマの選定にあたっては、過大の範囲を設定してから明確にする必要があります。

	問題解決型	課題達成型
手順1	テーマ選定	テーマ選定
手順2	現状の把握	課題(攻め所)の明確化
手順3	目標の設定	目標の設定
手順4	実施計画の策定	実施計画の策定
手順5	要因の解析	対策の検討および最適案の追求
手順6	対策の検討および実施	最適案の実施
手順7	効果の確認	効果の確認
手順8	標準化および管理の定着	標準化および管理の定着

具体的行動

QC的な見方・考え方を理解してQC活動に取り組もう。

no.

37 QCストーリーの手順

1．テーマ選定

テーマ選定にあたっては、日々の困りごと、職場で実現したいこと、これまでのQCサークル稼働における反省点や未解決の問題などを明らかにします。問題点の洗い出しは、ブレインストーミングなどを使い、メンバー全員で行います。洗い出した問題点は、悪さの程度を具体的な数値で、定量的に示す必要があります。テーマの表現は、「悪さを減らす方向のものなのか」「良さを伸ばそうとするものなのか」がわかるようにします。

テーマの選定にあたっては、テーマ候補を複数挙げ、「困っていること」「次工程に迷惑をかけていること」などを列挙したうえで、「効果の大きさ」「緊急性」「重要性」「実現性」などの観点から評価、総合的な観点からテーマを決定します。テーマ名の設定にあたっては、「どの範囲の、何の指標を、どうしたいのか」を明らかにします。

2．現状の把握

現状の把握では、テーマに関して具体的に「どのように悪いのか」をデータで把握します。最初に問題点の現在の姿を明らかにするために、関係するデータを一定期間集め、分析し、その結果を見える化します。ここでは問題を引き起こす原因を初めから決めつけないように、客観的に事実の把握に努めます。

そして折れ線グラフなどを利用して、問題がどのように時間的に変化しているのかを把握するとともに、現象別、場所別、機械別、原料別、担当別など、さまざまな観点で層別し、違いを把握します。

「現在の姿」と「あるべき姿」のギャップが解決すべき課題となります。

3．目標の設定

目標の設定にあたっては**「何を（目標指標）、どのくらい（目標値）、いつまでに（期限）」**を明確にする必要があります。目標を数値化することによって、問題が解決したかどうかを明確に評価できるようになります。

目標は挑戦的であることが望ましいのですが、あまりにも非現実的でもダメで、**少し挑戦的な目標**を設定しましょう。

メンバーが「押し付けられた目標」と感じないよう、現状と目標について、メンバー全員と上長が共通の認識を持つことが、成果を生み出すためのカギとなります。

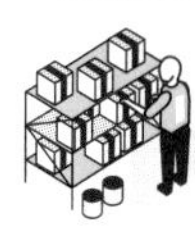

4．実施計画の策定

実施計画の策定では、①目標達成までの実施項目、②スケジュール、③担当者 — を明らかにします。

問題解決活動を円滑に進めるためには、活動の実施項目を決め、各実施項目を「誰が」、「どの時期に実施するか」について計画する必要があります。

策定した実施計画表には、活動実績をその都度書き込み、計画と実績を比べられるようにします。計画と実績がズレた場合には、直ちに挽回策を考えます。

5．要因の解析

要因の解析では、現状と目標とのギャップが発生している要因を明らかにします。要因の解析は、問題解決の手順の中で最も重要なステップといえます。

要因の解析は、以下３つのステップで構成されます。

①要因候補の洗い出し — 考えられる原因、すなわち、原因の候補を列挙する

②要因候補の絞り込み　―　洗い出した候補の中から、真の原因である可能性の高いものを絞り込む
③真の原因の確認　―　絞り込まれた原因候補が、本当に問題の原因になっているか否かを、データを収集して確認する

6．対策の検討および実施

対策の検討では、複数の人たちで可能な限り多くのアイデアを出すことが重要です。アイデアの発想法には第1章で述べたように、ブレインストーミングやオズボーンのチェックリスト法などがあります。

そのうえで効果の大きさや難易度、経済性、期間といった観点をもとに評価し、最適のものを選定します。

①効果：対策によって得られる効果の大きさ
②イニシャルコスト：対策を実施する時にのみ発生するコスト
③ランニングコスト：対策実施後に、継続的に発生するコスト
④所要時間：対策の着手から完了までに要する期間
⑤リスク：対策によって生じる不具合の有無と大小
⑥実現性：対策案を具現化する時の技術的な確実性

次に選ばれたアイデアを実行可能な具体策に展開します。

対策案の実施にあたっては、実行計画を立て、その計画通りに進むように進捗管理を行います。

7．効果の確認

効果の確認では、対策実施によってどのような変化があったかを調査し、目標達成状況を確認します。3つのポイントに注意して行います。

①目標に対する評価は、直接的なものを対象とする

効果の中には間接的なものも含まれますが、目標に対する評価については直接的なものを対象とします。

②同じ様式で改善の前後を評価できるようにする

効果を評価する際には、グラフなど同じ様式のものを使い、改善前と改善後を比較できるようにします。

③有形の効果のほか、管理技術の習得や固有技術の蓄積など、無形のものについても把握する

また、対策を打ったにもかかわらず効果が見られない時は、以下のような視点で理由を考えます。

①目標が高すぎたのか
②原因と思っていたものが見当外れだったのか
③対策が間違っていたのか
④効果が表れるのに時間がかかるのか

8．標準化および管理の定着

効果の得られた対策であっても、標準化されなければ、日々の活動の中で継続的に実行することはできません。標準化を行ったうえで、職場での標準の順守を心がけるようにしましょう。

具体的行動

QCストーリーの手順を理解して、正しいステップで進めよう。

no.

38 QC７つ道具はこう使う①特性要因図

QC７つ道具については第２章でも触れたように、品質改善を進めるための基本的な手法です。QCストーリーと合わせて活用することによって、品質改善を効率的、効果的に進めることができます。

『QC７つ道具』の１つ、**「特性要因図」**とは、生産現場などで問題を起こしている原因を突き止めるために、さまざまな要因を漏れなく抽出し、何が真因かを効率的に調査を進めていくためのツールです。

問題を解決するためには「何が真因か」を知ることが最も重要になります。QCストーリーの現状把握を終えた段階では、原因の「候補」となる要因がいくつか浮かんできます。一方で、その１つが真因とは限りませんし、そもそも想定した要因の中に真因がないこともあるのです。

そこで作成するのが特性要因図です。

その際、問題の悪さを「特性」として明確にしたうえで、漏れなく要因を抽出できるように、大骨として４Ｍ（人、機械設備、材料、方法）を考えます。それを基に関係者が集まってブレインストーミングなどによって要因を抽出すれば、見落としは少なくなります。

こうすることで早期に真因にたどり着けるようになりますが、ここで大切なのは**「みんなで議論したのだからこれが真因で間違いない」と思い込まないこと**です。**品質管理で重要なのは「三現主義」**であり、たとえ経験などから「真因はこうに違いない」と考えたとしても、それを「データや現場での観察」によって、しっかりと検証することです。

現場観察をしている時の禁句の１つに「あっ、わかった」があります。ある現象を見て、「原因はこれだ」と思い、「あっ、わかった」といってしまうと、そこで思考は止まり、それ以外のことを考えられなくなります。もし間違った「要因」を「真因」と勘違いして改善を行ったとしても、問題が解決されることはありません。改善は「真因」を潰してこそ効果が出るわけですから、想定した要因が「本当に真因なのか」をデータや現場での観察を通してしっかり確認することが何より大切なのです。

「特性要因図」は真因解明に効果的な道具ですが、それを最終的に活かすかどうかは「データや現場観察などにより、想定と事実が一致している」ことを確認する行動があってこそであり。そこまでやって初めて検証を行ったことになり、その先の改善も効果を発揮することができるのです。

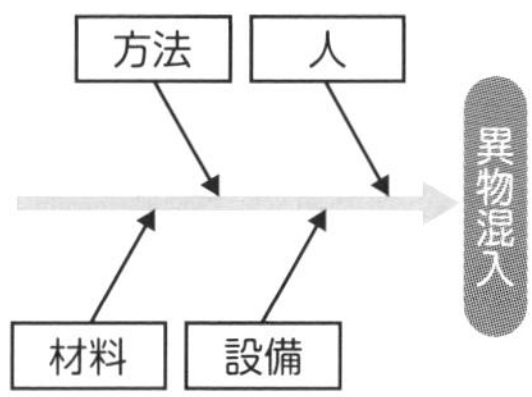

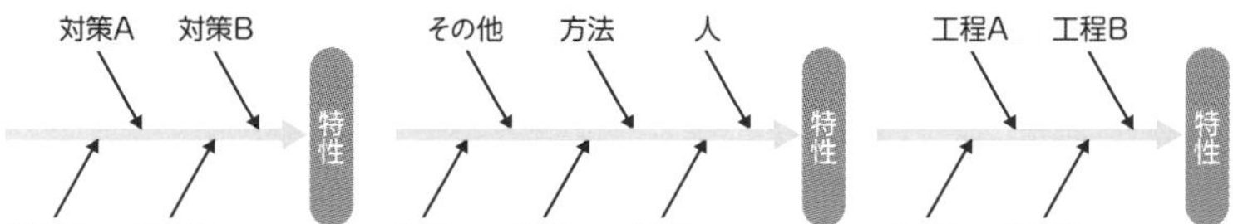

原因ー対策型　　4M+E（環境）型　　工程型

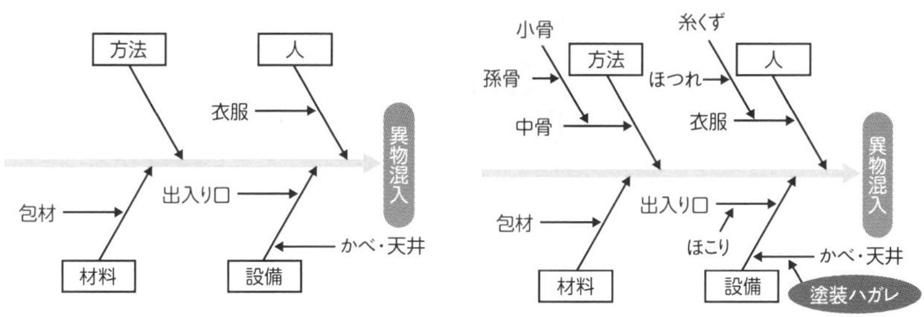

具体的行動

特性要因図を使って「問題の真因」を突き止めよう。

no.

39 QC７つ道具はこう使う②
チェックシート

『QC７つ道具』の１つ「チェックシート」の使い方は大きく分けて２つあります。

1．確認漏れを防ぐための道具

レ点：確認した

	担当者	蛍光灯を消したか	エアコンを停止したか	ガスの元栓を閉めたか	戸締まりを行ったか
7月1日	山田	レ	レ	レ	レ
7月2日	田中	レ	レ	レ	レ
7月3日	加藤	レ	レ	レ	レ
7月4日	上野	レ	レ	レ	レ

2．数を間違えることなく集計するための道具

	月曜日		火曜日		水曜日		木曜日		金曜日		合計	
	午前	午後	午前	午後	午前	午後	午前	午後	午前	午後	午前	午後
A	卌		/	//	/		/	///	//	/	10	6
B	卌			///	/	////			卌 ////		15	7
C	////	/	///	/	////	/		/		卌	11	9
D	卌 ///	/			卌	//	卌		卌 //	//	25	5
合計	22	2	4	6	11	7	6	4	18	8	61	27

使い方は工夫次第で多種多様なので、使う目的に応じてアレンジして使うようにしましょう。

たとえば、生産現場の組立工程で、どのような不良がいくつ発生しているかを確認する場合、以下のようなマトリックス型を使います。

	月曜日		火曜日		水曜日		木曜日		金曜日		合計	
	午前	午後	午前	午後	午前	午後	午前	午後	午前	午後	午前	午後
ヨゴレ	////＼		/	//	/		/	///	//	/	10	6
キズ	////＼			///	/	////			////＼ ////		15	7
変形	////	/	///	/	////	/		/		////＼	11	9
その他	////＼ ///	/			////＼	//	////＼		////＼ //	//	25	5
合計	22	2	4	6	11	7	6	4	18	8	61	27

数を数える際には、不良が1つ出るごとに「／」を書き、5つ目には横長の「＼」というようにして数えます。計数作業後に、それぞれの項目ごとの合計を書き込みます。こうすることで、製造現場で数を間違えることなく素早く正確に記録することができます。

そして計数チェックを終えたなら、グラフ化をして、結果を視覚的に確認できるようにするとより効果的です。

こうした作業を終えたから、原因追及、対策立案、実施へと進み、問題を解決しましょう。

チェックシートはいろいろな使い方ができるだけに、目的に応じて工夫をしながら使うのが理想です。

具体的行動

チェックシートを上手に使って、漏れを防ぎ、数を正確に集計しよう。

no.

40 QC７つ道具はこう使う③ グラフ

グラフは、『QC７つ道具』の中で最も使用頻度が高いものです。

使用する際には、目的に応じて適切なグラフの種類を選ぶことが重要になります。目的に合ったグラフを選び、誰もが一目でわかるように作成することで、真実を的確に捉えることができるようになります。

グラフを活用するメリットとしては以下のようなものがあります。

①傾向や特色がわかる
②比較しやすくなる
③相関関係がつかみやすくなる
④正常、異常がよくわかるようになる
⑤数値が一目でわかるようになる
⑥一目でデータの全体像をつかむことができる
⑦見る人の注目をひくことができる

どのような種類があるかはP103図表の通りですが、グラフの作成にあたっては、①グラフの作成目的を決める、②目的に応じて適切なグラフの種類を選ぶ、③グラフを作成した後は、グラフの保管方法、保管期間を決め、有効に活用できるようにしましょう。

グラフの種類	目的	例
折れ線グラフ	数値の時間的変化の傾向を視覚的に把握できる。	〈不良率の推移〉 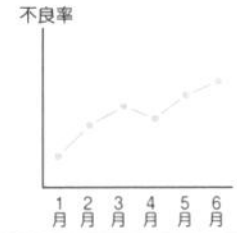
棒グラフ	棒の長短で、数量間の大小を比較できる。	〈不良品数の比較〉 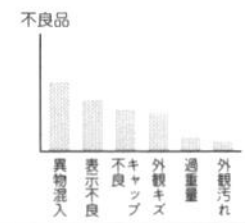
円グラフ	内訳面積の広さで各分類項目の割合を比較できる。	〈不良品の割付〉 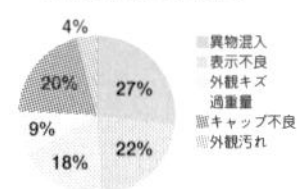
帯グラフ	内訳面積の広さで各分類項目の割合を比較できる。	〈職場別不良発生状況〉 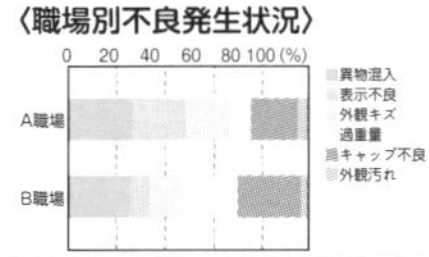
体積グラフ	数量の大きさをおおよそで比較できる。	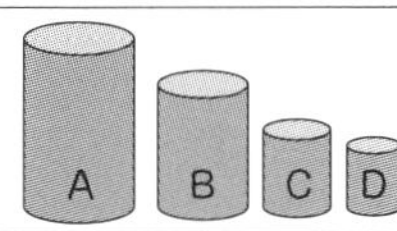
絵グラフ	絵の長さ、大きさなどにより大小を比較できる。	〈人口規模〉 
面積グラフ	数量の大きさをおおよそで比較できる。	〈生産量〉 
ガント・チャート	日程計画、進度管理などを行える。	〈活動スケジュール〉 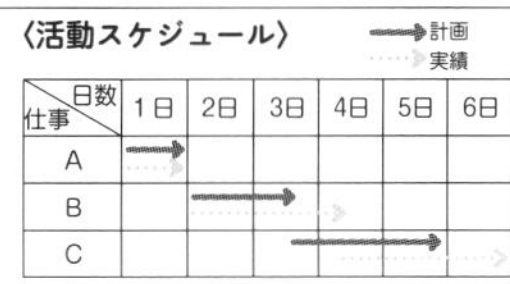
レーダーチャート	隣り合う打点を結ぶことによって、全体のバランスを把握できる。	〈レストラン評価結果〉 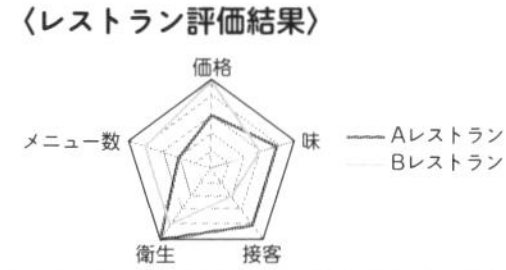

具体的行動

目的に応じて適切なグラフを選び、上手に活用しよう。

no.

41 QC 7つ道具はこう使う④ パレート図

問題解決に取り組む時、たとえば「不良低減」のような大きなテーマは決まっていても、何から手をつければいいかが決まっていないことがあります。このような時、問題を一段掘り下げて、現状を把握し、重点指向の答えを出すために役立つのが「パレート図」です。

パレート図というのは、職場における不良品などの現象や原因を項目別に整理し、割合の大きい順に並べたものです。以下のように「棒グラフ」と「線グラフ」を組み合わせた「複合グラフ」です。

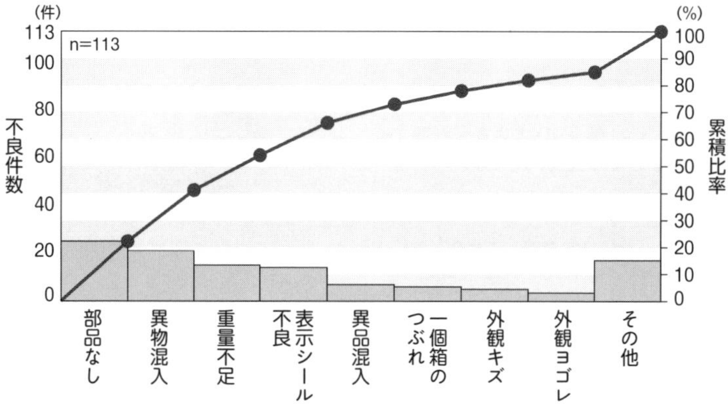

品質管理を行ううえで、「どこに問題があるのか」「どんな改善策を講ずべきか」を判断するのはとても重要になります。ここでの判断ミスは全体の改善効果に影響します。それを防ぐために、現状を客観的に俯瞰できるのが「パレート図」です。

パレート図は、最も重要な問題は何かを明らかにすることを目的として、現状の把握や要因解析、効果の確認の時に活用します。

パレート図を使うメリットとしては以下のものがあります。

①問題項目の順位とその割合が一目でわかる

②問題となる項目がわかる
③累積比率を示すため、上位の問題項目が全体の何%を占めているのかがわかる
④対策の的が絞りやすい
⑤対策実施後の成果を一目で把握できる

つまり、重要な品質問題の項目や数量、影響度などがパレート図を作成することによって一目でわかることが大きなメリットです。問題を視覚化することによって、「どの問題の解決に重点を置くか」「どの問題の解決を優先すべきか」を論理的に判断したうえで、重要度の高い問題を徹底的に潰すことができれば、効率的に品質向上を進めることができるようになります。

品質改善は緊急の課題ではあるものの、解決すべき問題が多すぎて、一体どこから手を付けていいがわからないという時にこそパレート図は大いに効果を発揮します。

パレート図の作成は以下の手順で進めます。

①データの収集と整理

まずはデータの収集と整理を行います。データの分類項目を決めます。「不良項目」「発生工程」などカテゴリーに分けて分類し、データとして数字を収集する場合は「不良数」「損失金額」などに分けましょう。

そして期間を決めてデータを収集し、データの大きい順に項目を並べ替えます。

②棒線グラフと線グラフ

まず棒線グラフをつくり、累積比率を各棒グラフの右肩に打点し、この点を結び、折れ線を引きます。そして改善活動に移りましょう。

具体的行動

パレート図を使って注力すべき問題を的確に選び、改善しよう。

no.

42 QC7つ道具はこう使う⑤ ヒストグラム

ヒストグラムは、データがどのようにばらついているかを見る道具です。ばらつきを見る際に基準となるのは、規格です。下限・上限の両規格であれば、ヒストグラムの分布状況を見ることで、以下について視覚的に判断することができます。

- **下限規格より小さいものはないか**
- **上限規格より大きいものはないか**
- **規格をはずれて不良品となっているものがある場合、それはどの程度の数が出ているか**
- **不良品がなかったとしても、もっと多くの製品を調べた場合には不良品が発生する心配はないか　など**

ヒストグラムの活用にあたっては、製品規格や社内規格を満たしているかどうかを知るために、ヒストグラムを描いたら、必ず「規格線」を描きましょう。すると、規格内に入っているかどうかを一目で知ることができます。

ヒストグラムには以下のようにさまざまな形があります。それぞれに意味合いが異なりますので、その見方を理解したうえで現状を正しく把握し、課題の解決に活かしましょう。

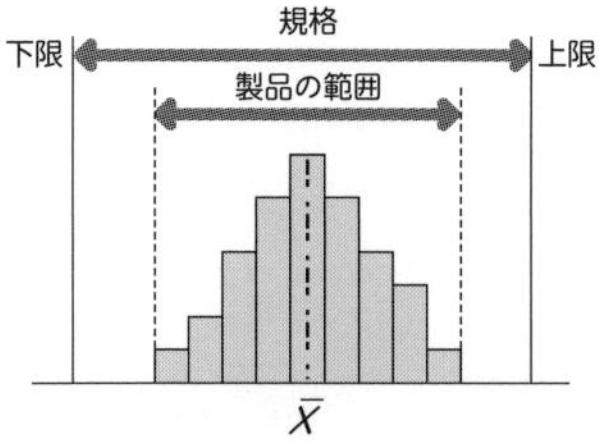

理想的な場合（左右対称）

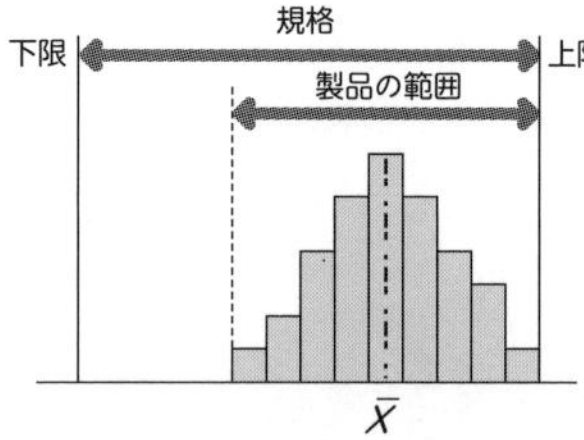

片側に余裕のない場合

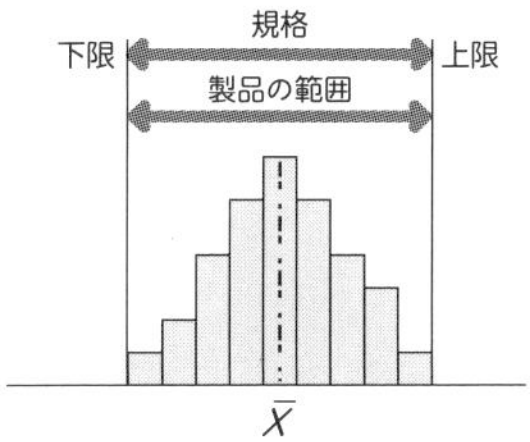

両側に余裕のない場合

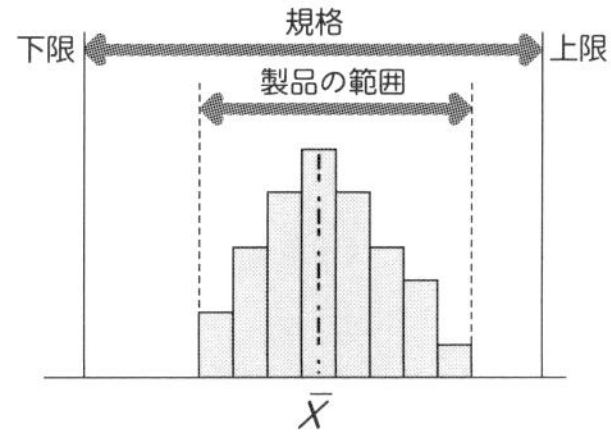

余裕がありすぎる場合

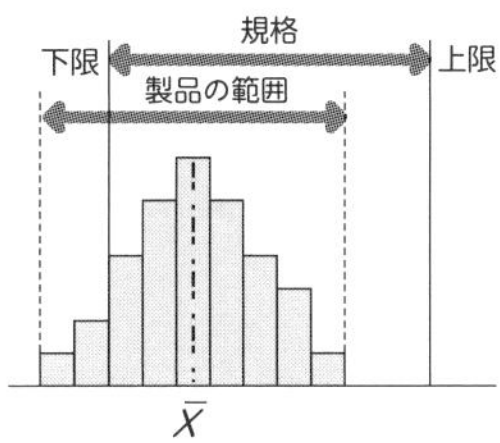

平均値がずれている場合

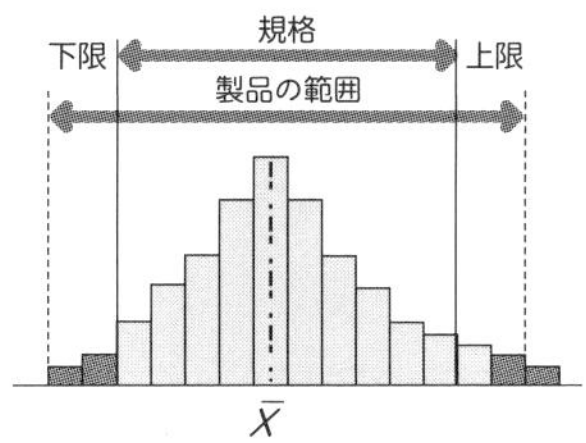

バラツキが大きい場合

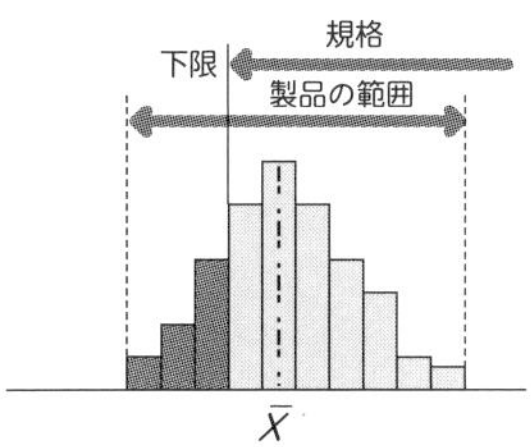

下限規格を割っている場合

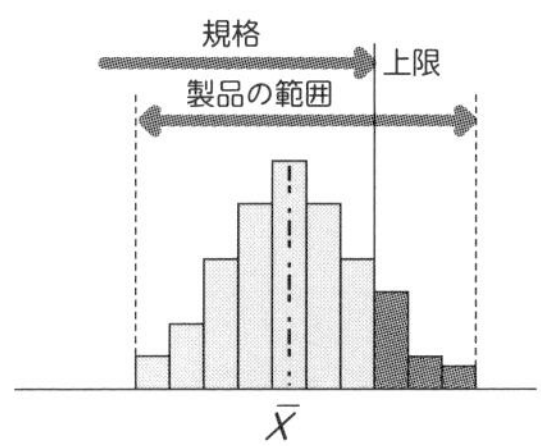

上限規格を割っている場合

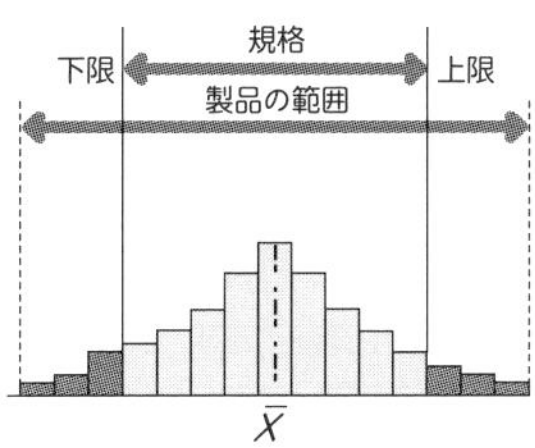

バラツキが非常に大きい場合

具体的行動

ヒストグラムでばらつき具合をつかみ改善活動に活かそう。

no.

43 QC7つ道具はこう使う⑥ 散布図

散布図とは、対応する二組のデータをもとに、縦横二軸のグラフにプロットして、対応する2つの特性値間に規則性があるかないか（相関があるかないか）を発見するためのものです。

散布図を活用する狙いは、対応する二組のデータ間に関係性があるかないかを調べ、対応する2つの特性の間に関係性がある場合には、原因と結果の関係が成立するか否かを、技術的根拠をもとに裏付けします。

原因と結果の関係が明らかになれば、結果の特性値を狙いとする範囲に収めるために、原因の特性値をどの範囲にコントロールすれば良いかが検討できます。

また、散布図では、大きく2つの傾向が出てきます。

点が右肩上がりに分布している場合は、「正の相関がある」といい、右下がりの場合は、「負の相関がある」といいます。

点がバラバラに分布し、規則性が見られない場合には、2つの特性値間に相関がないことになります。

散布図にはさまざまな分布のパターンがあるので、以下の表を参考にしてください。

1	Xの増加とともにYも増加する。	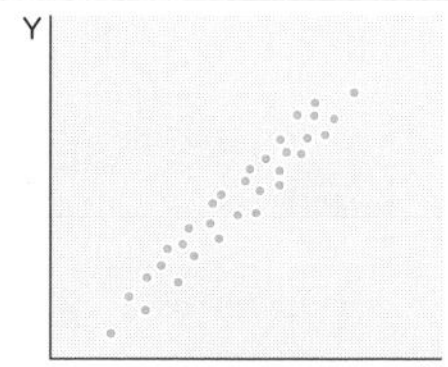 強い正の相関図
2	Xの増加とともにYも増加するが、ばらつきがある。Yに影響を与える要因がほかにもあることを示している。	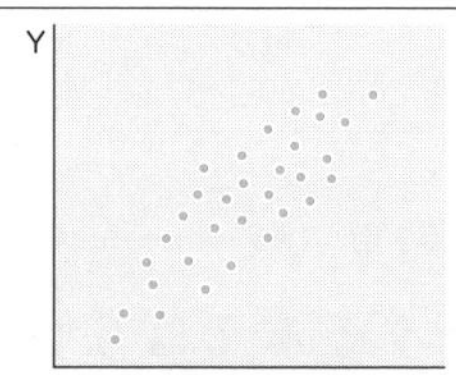 弱い正の相関図

3	Xの増加とともにYが減少する。	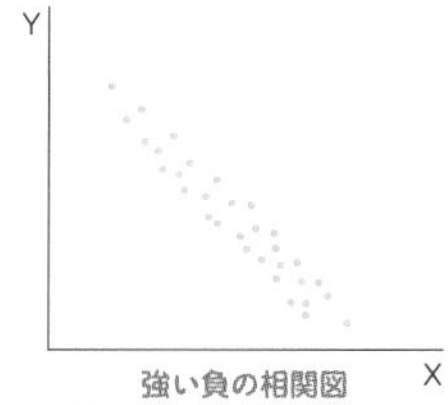 強い負の相関図
4	Xの増加とともにYが減少するが、バラつきがある。Yに影響を与える要因がほかにもあることを示している。	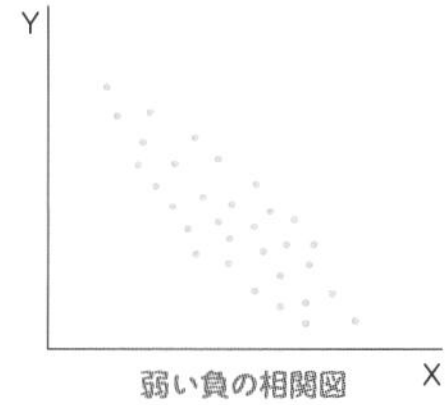 弱い負の相関図
5	Xの増加によってYが増減するが、直線的でない。	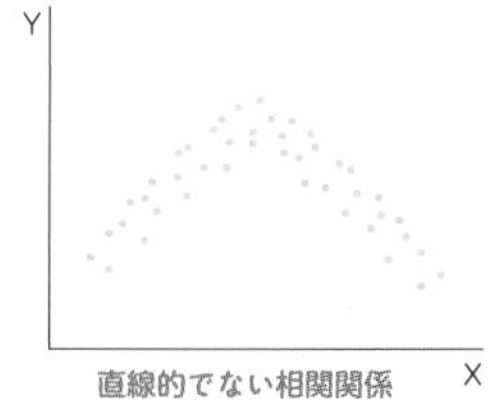 直線的でない相関関係
6	XとYに関係は見られない。	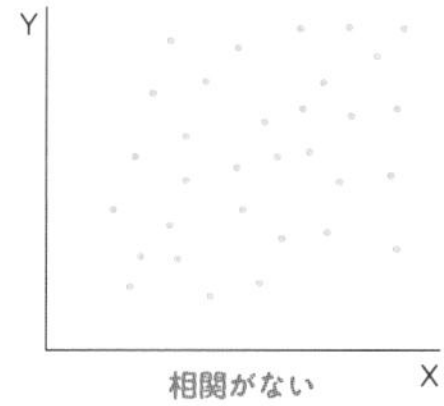 相関がない

散布図はただ作成するだけで終わらせてしまっては何の意味もありません。相関関係があることがわかったら、すぐに対策を打ち、問題を改善していくようにしましょう。

具体的行動

散布図を用いて相関関係を探し、問題を改善しよう。

no.

44 QC7つ道具はこう使う⑦ 管理図

管理図は、工程の管理状態を把握し、適切な対応処置をとるために用いられるものです。

管理では、製品の品質特性値には必ずばらつきがあるという前提に立ち、統計理論に基づいて数学的に導かれた「管理境界線」をもとに、その工程の中で偶然に発生したばらつきなのか、それとも異常原因（通常はめったに起こらないような原因）によって発生したものかを判定するものです。

形としては「グラフ」で紹介した折れ線グラフとよく似ていますが、管理図の場合、折れ線グラフと違って「管理境界線」があり、その管理境界線が勝手に引いたものではなく、数学的に導かれているところに大きな違いがあります。

判定の結果、異常原因によって発生したばらつきの場合、早急に対策を打つことが求められます。

管理線のうち、中心線をCL、上方管理限界線をUCL、下方管理限界線をLCLといい、UCLとLCLの中でデータが推移していれば、工程は管理された状態にあるといえます。

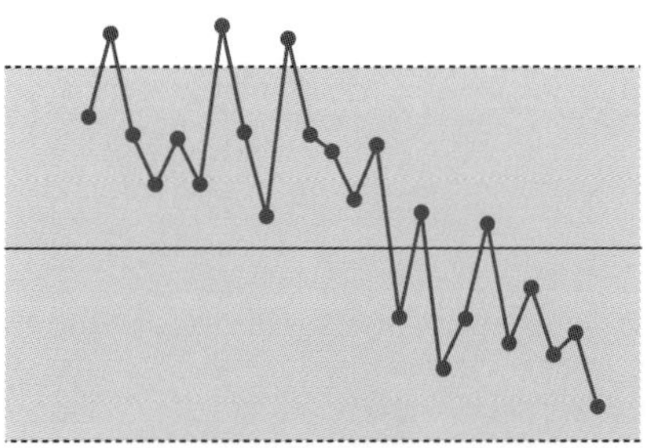

管理図は、集めるデータによって作成する図が異なります。

以下のように、扱うデータが計量値か計数値かによって大別されます。

データの種類		用いられる管理図
計量値	長さ、重量、時間、圧力、歩留りなど	① $\overline{X}$—R 管理図（平均値と範囲） ② $\overline{X}$—s 管理図（平均値と標準偏差） ③ X—Rs 管理図（個別値と移動範囲） ④ Me—R 管理図（メディアンと範囲）
計数値	製品の不良個数、欠点数、件数、不良率など	① p 管理図（不良率） ② np 管理図（不良個数） ③ c 管理図（欠点数） ④ u 管理図（単位当り欠点数）

上記のうち最も代表的なものが以下の**$\overline{X}$-R管理図**ですが、正常か異常かは国際規格であり、JISでも紹介している異常判定ルール（ルール1～8）にのっとって判定することになります。

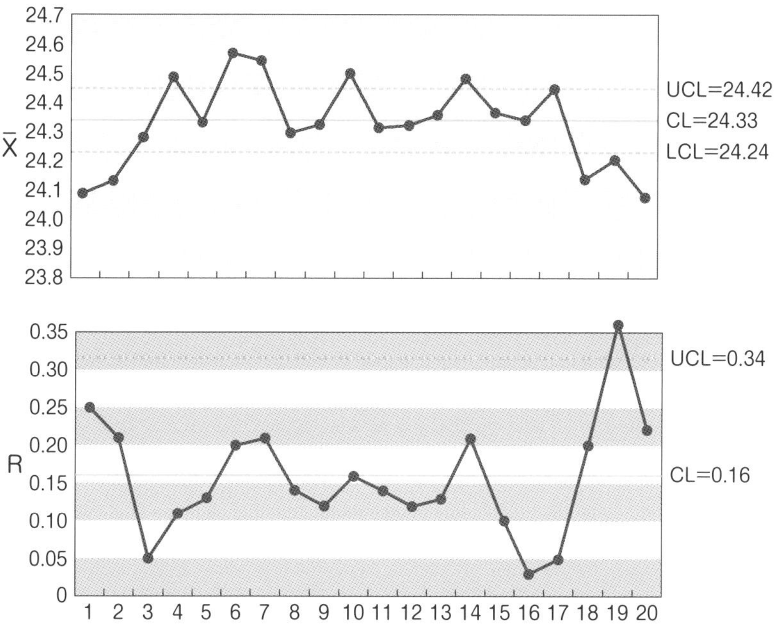

具体的行動

管理図を見て、異常と判定されたら早急に対策を打とう。

no.

45 新QC７つ道具とは何だろう

QC活動を行うためのツールには、これまで紹介した『QC７つ道具』と『新QC７つ道具』の２つがあります。

これは1970年代に日本で誕生した品質管理改善手法の１つで、主に言語データを扱うところに特徴があります。また、改善を進める際の計画段階で活用されることが多い手法でもあります。

数値データを分析する『QC７つ道具』が、主に製造現場で活用されてきたのに対し、『新QC７つ道具』は言語データを整理して分析するため、製造現場だけでなく、企画や設計、営業などさまざまなところで活用されています。

言語データを取り扱う時の難しさは、使う人の意識や、言葉の定義などによって、同じ言葉が違う意味になってしまうところです。そのため、さまざまな事項を明確にしていく際に、『新QC７つ道具』を活用すると効果的です。『新QC７つ道具』は、次の７つの手法からなります。

1．親和図法

製品に対する意見や発想などの言語データが集められた時に、言語データを統合して集約するのに適した図法です。

2．連関図法

原因同士が複雑に絡み合った問題の原因を追究するのに適した手法です。

3．系統図法

目標を設定したあとで、その目標をどのようにして達成するのか、方策を発想する時に適した手法です。

4．マトリックス図法

検討を行う２つの要素を行と列に配置し、それぞれの関連度合いを交点に表示することで問題解決を効果的効率的に進めていく手法です。

5．PDPC法

計画を実行に移したところ、さまざまな障害が発生して計画通りに進まないというのはよくあることです。PDPCは、実行にあたって起こりうる事態を事前に予測しながら、その際の手段も含めて計画するための手法です。

6．アロー・ダイアグラム

作業や実施項目の最適な日程計画を立案し、効率よく進捗管理を行うのに適した手法です。

7．マトリックス・データ解析

『新QC７つ道具』の中で唯一数値データを扱います。

製品の品質は複数の特性によって評価されますが、その場合、特性ごとの評価だけでなく、特性を総合的に見た評価も必要になりますが、そうした時に利用される手法です。

より良い計画を立てるためには、以下のようなことが必要になりますが、『新QC７つ道具』はそのために効果的な手法といえます。

①今までにない革新的な発想や新しい着眼点など、新たな気づきを盛り込む
②やり直しなどが少ない効率的な計画を立てる
③ヌケ、落ちの心配を減らす
④多くの人のコンセンサスを得る　など

具体的行動

計画段階で新QC７つ道具を使ってより良い計画づくりを。

no.

46 新QC７つ道具はこう使う①親和図法

親和図法とは、メンバーの意見やアイデアをカードに表し、グルーピングや距離感の調整などを行うことによって、将来のあるべき姿や課題を設定したり、問題意識を明らかにする時に有効な手法です。

自分の意見やアイデアを言葉にしてわかりやすく説明するのは難しいものです。「なんとなくそう感じている」とか、「考えていることがうまく言葉にできない」というのもよくあることです。あるいは、出てきたアイデアや意見がばらばらでまとまらないというのもあることです。

そんな時、親和図法は、言語データが語っている意味の近さ（親和性）に注目して、近いもの同士を統合することで、言語データを要約していきます。

言葉にするのは難しくとも、「似ている」「似ていない」という感覚的な違いを、カードとカードの距離感という形で目に見えるようにすると、自分と他人の違いがはっきりしたり、両方をくっつけることで新たな着想を得ることもできるようになります。

親和図法は以下の手順で進めます。

①検討テーマを決める
②メンバーから出た意見やアイデアをカードにして、１つにまとめる
③似ている意見やアイデアを親和性のある、内容の近いもの同士でグループにまとめる
④それぞれのグループに表題をつける
⑤グループの場所、互いの距離を確定させる
⑥テーマに対する結論を一言で表す

テーマ：工程のバラツキを安定させるためにはどのような状態を目指すべきか？

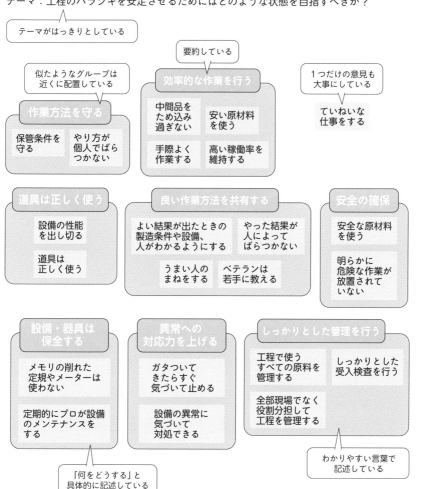

（テーマがはっきりとしている）

作業方法を守る（似たようなグループは近くに配置している）
- 保管条件を守る
- やり方が個人でばらつかない

効率的な作業を行う（要約している）
- 中間品をため込み過ぎない
- 安い原材料を使う
- 手際よく作業する
- 高い稼働率を維持する

（1つだけの意見も大事にしている）
- ていねいな仕事をする

道具は正しく使う
- 設備の性能を出し切る
- 道具は正しく使う

良い作業方法を共有する
- よい結果が出たときの製造条件や設備、人がわかるようにする
- やった結果が人によってばらつかない
- うまい人のまねをする
- ベテランは若手に教える

安全の確保
- 安全な原材料を使う
- 明らかに危険な作業が放置されていない

設備・器具は保全する
- メモリの削れた定規やメーターは使わない
- 定期的にプロが設備のメンテナンスをする

（「何をどうする」と具体的に記述している）

異常への対応力を上げる
- ガタついてきたらすぐ気づいて止める
- 設備の異常に気づいて対処できる

しっかりとした管理を行う
- 工程で使うすべての原料を管理する
- しっかりとした受入検査を行う
- 全部現場でなく役割分担して工程を管理する

（わかりやすい言葉で記述している）

具体的行動

親和図法でバラバラなアイデアから重要なポイントを見つけ出そう。

no.

47 新QC7つ道具はこう使う②
連関図法

連関図法とは、原因同士が複雑に絡み合った問題について、それぞれの関連を原因と結果の関係で図示していくことで、問題の構造を表し、真に解決すべき問題を検討する手法です。

ある問題を解決しようとしたところ、次から次へとさまざまな事柄が思いつき、一体、何から手をつけていいのか、どれが重要な問題なのかが分からなくなってしまうということがあります。そのような時、思いつくままに手をつけてしまうと、かえってややこしくなって解決から遠ざかることになってしまいます。

そんな時には、連関図法を使って整理すると、問題の全体像が明らかになり、重要な問題を絞り込むことができます。

連関図法は以下の手順で進めます。

①解決したい問題を決める
②関連する問題や原因をカードに書く
③解決したい問題を中心に配置し、原因と結果の関係を検討しながらカードを配置し、矢印で結ぶ
④問題を解決するために取り組むべき課題を検討する
⑤重要なものに取り組めば、検討テーマが達成できることを確認する

原因と結果の関係を矢印で結ぶことによって、関連がよりわかりやすくなり、複雑に絡み合っている因果関係の見える化ができます。

完成した連関図の中で、中心の問題に近いところから一次原因、二次原因と呼びます。一次原因より二次原因の方が、より具体的なものになりやすいため、二次原因を取り扱うと解決に近づくことができます。

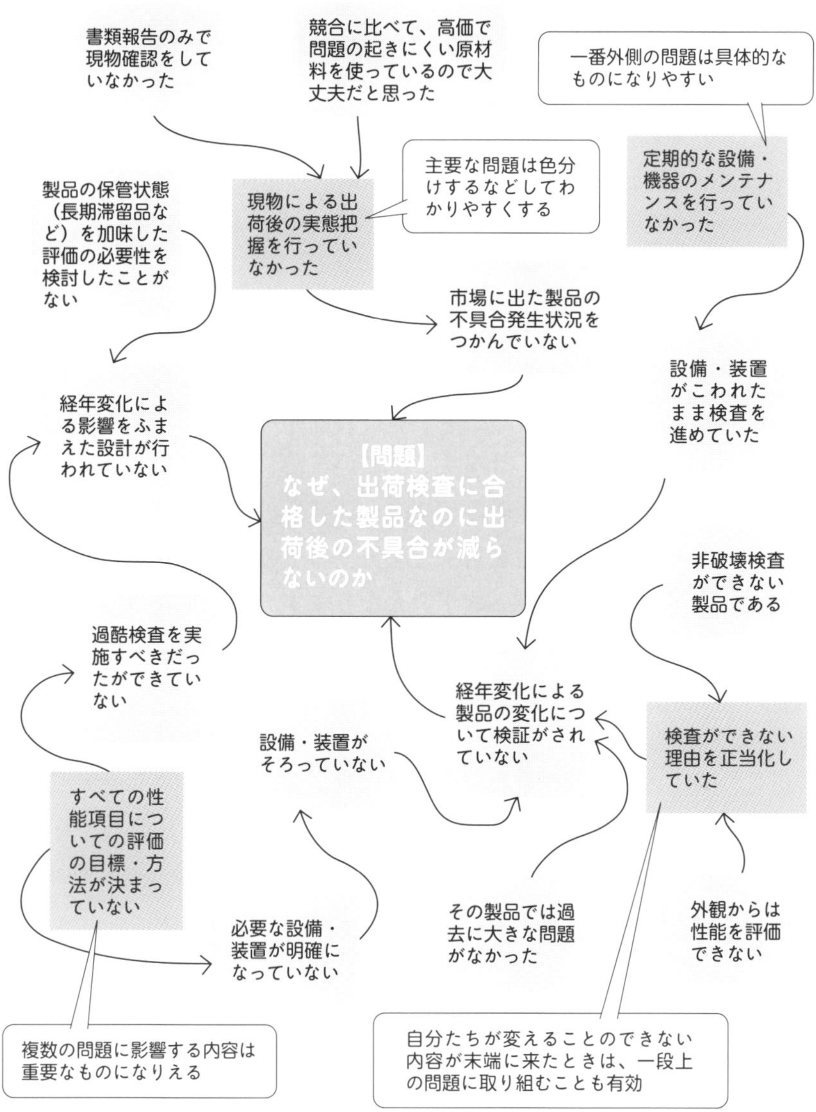

具体的行動

複雑に絡み合った問題の原因を連関図法ではっきりさせよう。

no.48 新QC７つ道具はこう使う③ 系統図法

系統図法は、目的を達成するための手段・方策を枝分かれさせながら分解・展開することで、目的を達成するための手段・方策を体系的に整理する方法です。

系統図は、QCストーリーのステップにおける対策の立案で使用されます。

系統図法では、左端にもっとも大きな目的を書き、その目的を達成するための手段を考えます。ヌケモレのない手段を洗い出すことがポイントになります。これが一次手段です。

そして次にその一次手段を目的と考えて、そのためにどうするかという手段を考えます。これが二次手段となります。

このようにして三次手段、四次手段と右側に向かって展開をしていきます。したがって、右側に位置する手段が最終手段で、実施項目となります。

但し、そのまま実行するわけではなく、最終的にはコストや実現性、効果、重要性といった観点から評価をすることで、実際に実行する実施項目を決定することになります。

なお、系統図には大きく分けて２つのタイプがあります。

１．方策展開型

目的を達成するための手段を展開します。

２．原因探策型

問題の原因を分析する時に使います。

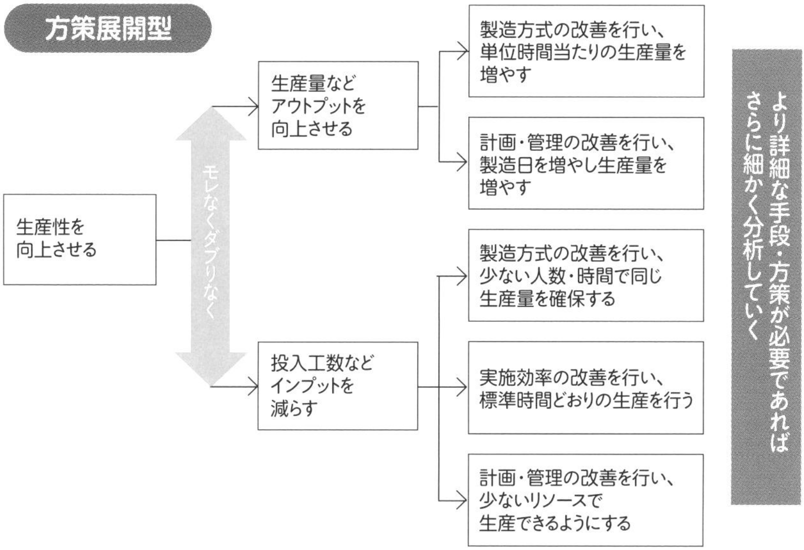
方策展開型
生産性を向上させる
モレなくダブりなく
生産量などアウトプットを向上させる
製造方式の改善を行い、単位時間当たりの生産量を増やす
計画・管理の改善を行い、製造日を増やし生産量を増やす
投入工数などインプットを減らす
製造方式の改善を行い、少ない人数・時間で同じ生産量を確保する
実施効率の改善を行い、標準時間どおりの生産を行う
計画・管理の改善を行い、少ないリソースで生産できるようにする
より詳細な手段・方策が必要であればさらに細かく分析していく

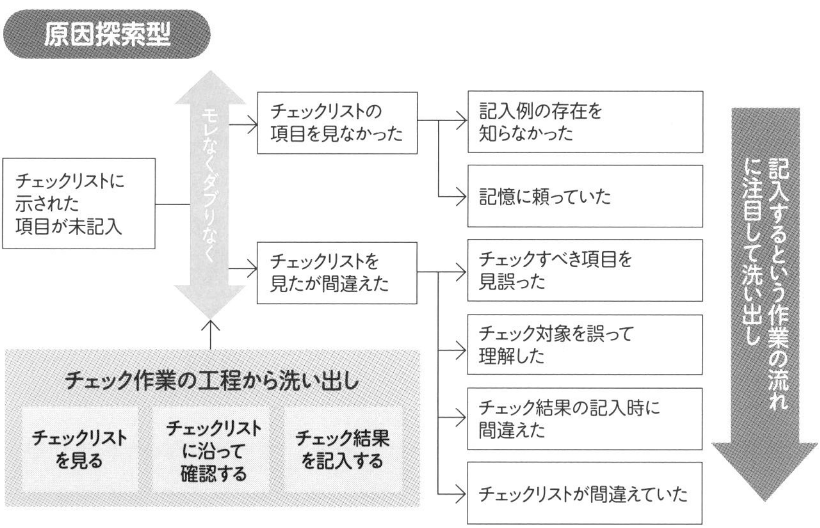
原因探索型
チェックリストに示された項目が未記入
モレなくダブりなく
チェックリストの項目を見なかった
記入例の存在を知らなかった
記憶に頼っていた
チェックリストを見たが間違えた
チェックすべき項目を見誤った
チェック対象を誤って理解した
チェック結果の記入時に間違えた
チェックリストが間違えていた
チェック作業の工程から洗い出し
チェックリストを見る
チェックリストに沿って確認する
チェック結果を記入する
記入するという作業の流れに注目して洗い出し

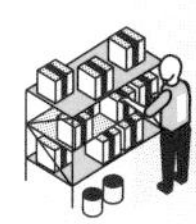

具体的行動

系統図法で目的を達成する手段をヌケモレなく考えよう。

no.49 新QC7つ道具はこう使う④ マトリックス図法

マトリックス図法とは、行に属する要素と、列に属する要素に構成された二次元の表の交点に着目して問題解決を効果的に進める手法です。たとえば、系統図法で具体的な手段を三次、四次と展開すると、かなりの数の法則が出てきて、どの方策が重要なのか、どれから手をつければいいのかが判断できない時など、マトリックス図法を使えば、問題解決の順序を決めることができます。

マトリックス図法は、いくつかの項目の関連で注目していない箇所に光を当て、新たな着想を得たり、ヌケモレなく検討を行うことができるため、さまざまな場面での活用が可能なので、積極的に活用することが望まれます。

マトリックス図法にはいろいろな種類がありますが、代表的なものは以下の通りです。

①L型マトリックス

最もよく使われるマトリックス図で、事象が2つの時に使います。

②T型マトリックス

L型を左右に広げてT型にしたマトリックス図です。同時に2つのL型の表を閲覧できます。事象が3つの時に使います。

③Y型マトリックス

T型を発展させて、2つの要素ではなく、3つの要素の関連を見ていくことができます。事象が3つで、それぞれに対応関係がある時に使います。

④X型マトリックス

Y型を発展させて、4つの要素の関連を見ていくことができる図です。事象が4つの時に使います。

マトリックス図法は以下の手順で進めます。

①明らかにしたい関連性や目的を明確にする
②対象となる要素について情報を収集し、行と列を決める
③交点の記載内容と基準を決める
④収集したマトリックス図に記入し、情報を埋めていく
⑤必要に応じて行と列の項目を増やし、交点を生める情報を収集する

列

◎：3点 ○：2点 △：1点

評価ポイント（上段:評価項目 下段:評価基準）／テーマ	重要度	緊急度	上位方針	技術	効果	コスト	評価	優先順位
	◎：… ○：… △：…	◎：… ○：… △：…	◎：… ○：… △：…	◎：… ○：… △：…	◎：… ○：… △：…	◎：… ○：… △：…		
外形加工不良低減	◎	◎	◎	◎	◎	◎	18	1
品種変更段取時間短縮	◎	○	◎	△	○	△	12	3
搬送における停止時間削減	◎	◎	◎	◎	◎	○	17	2
清掃・補給時間削減	○	○	○	○	△	○	11	4

行

評価の計算：各評価項目の点数の合計

具体的行動

マトリックス図で事象同士の対応関係を整理しよう。

no.

50 新QC７つ道具はこう使う⑤ PDPC法

PDPC法は、Process Decision Program Chart の略で、「過程決定計画図」ということもあります。

具体的には、計画を遂行するうえで遭遇するであろう障害を予測し、あらかじめその障害を解決する方法を検討しておき、望ましい結果にたどり着くよう計画する手法のことです。

新製品の開発など新しいことに挑戦する時、うまくいくと思われる計画をいざ実行に移してみると、さまざまな障害やトラブル、失敗が起こり、当初の計画通りにいかないのはよくあることです。その際、「こうすればすべてうまくいく」という理想的というか楽観的な計画しか立てていないと、障害や失敗を前に立ちすくみ、計画のものがとん挫することになりかねません。

それを防ぐためには理想的な計画と、さまざまなトラブルを想定した計画をうまく合成させることがポイントになります。その意味ではPDPC法は、「やってみなければわからない」「相手もあるので、こちらの計画通りにいくとは限らない」といった局面での計画立案に有効といえます。

具体的には、研究・開発の計画立案、重大事故の防止策の立案、営業活動における戦略立案などに有効ですし、あるいはチームとして経験が少ない取り組みの計画を立てる時に向いています。

なお、PDPC法には、以下２つのタイプがあるので、目的に応じて使い分けましょう。

①課題達成型 ― 課題達成のための達成パターンを複数洗い出す
②問題回避型 ― 望ましくない状況を避けるための選択肢を洗い出す

PDPC法は以下の手順で進めます。

①PDPCを作成する目的を明確にする
②順当に進展した際の道のりを記載する
③想定される問題とその打開策を追記する
④ゴールの種類と問題について関係者で共有し、意思決定ルールを決める
⑤計画だけでなく実績を追記し、完了まで活用する

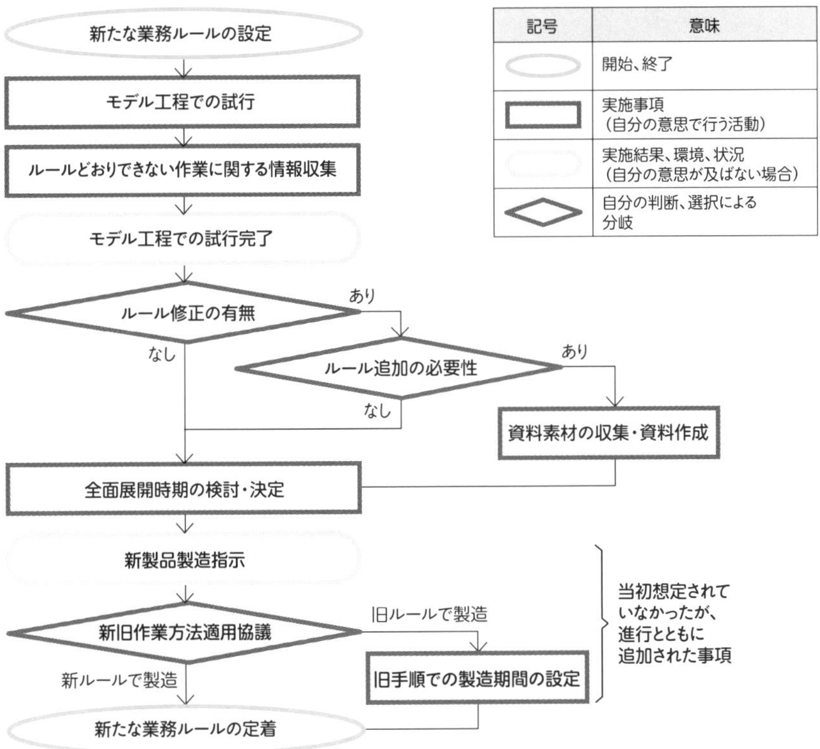

具体的行動

PDPC法で「計画通りにいかない」ことも事前に計画しよう。

no.

51 新QC７つ道具はこう使う⑥ アロー・ダイアグラム

アロー・ダイアグラムは、作業などを行うにあたっての最適な日程計画を立案し、効率よく進捗管理を行うのに適した手法といえます。同時に進行して進めなければならない作業の順序や、時間的な余裕の有無も明確になります。

仕事を進める際には、それを終えるまでの自分の所要時間を知ることももちろん大切なのですが、たとえばその中に他の人や他の部署に依頼をしなければならない資料作成などが含まれていた時、それにどれくらいの時間が必要かを忘れて、全体の進行が大幅に遅れるという経験をしたことはないでしょうか。

このような時、アロー・ダイアグラムで仕事にかかる総日数を把握し、必要に応じて修正すると、遅れなく進めることができます。

アロー・ダイアグラムは次のような場面で活用されます。

①対策を実施するにあたり、実施順を決める計画を立てたい時
②さまざまな作業や多数の人が、並行で業務を進める仕事の問題を洗い出したい時
③納期通り作業が進まない際、問題解決のために要因を洗い出したい時

アロー・ダイアグラムでは、作業と作業のつながりを線で結び、開始から完了までの全行程の所要時間を計算します。そうすることで、ある作業で少しでも遅れが生じると、それがそのまま全体の遅れにつながる「余裕のない工程」を明確にすることができます。

この工程を**「クリティカルパス」**といいます。

作業に遅れが発生した場合には、クリティカルパスに影響を与えないように対応を検討することで、全体の納期遅れを防ぐことができます。
アロー・ダイアグラムは以下の手順で進めます。

①対象となる工程の作業名と所要日数を把握する
②作業の順序関係（先行、後続、並列）を整理する
③作業の流れに従って矢印で結合点をつなげていく
④結合点ごとの着手可能日を算出する（分岐が交わる時は最大値を）
⑤総必要所要日数から結合点ごとの作業完了義務日を逆算する（分岐が交わる時は最小値を）
⑥クリティカルパスを明確化する
⑦日程の短縮化の検討

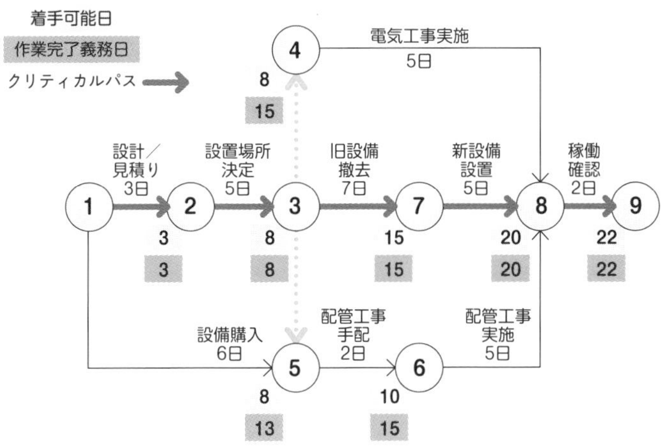

【明らかになったこと】
・現状では最終工程まで22日かかる。
・着手可能日と作業完了義務日が同じである結合点を結ぶ真ん中のルートがクリティカルパスとなる。
・短縮の方向性
例：旧設備撤去と新設備設置の合計12日は、配管工事手配と実施の合計7日まで短縮を検討する。

具体的行動

アロー・ダイアグラムで計画の遅れを最小限にとどめよう。

no.

52 新QC７つ道具はこう使う⑦ マトリックス・データ解析

マトリックス・データ解析は、新QC７つ道具のなかで唯一、数量データを取り扱う手法です。

統計的方法の１つで、主成分分析法と呼ばれる手法と同じです。製品の品質は、複数の特性で評価されますが、その特性ごとの評価以外に、特性を総合的に見た評価も必要になります。こうした時に利用されるのがマトリックス・データ解析法です。

マトリックス図法が、表を作成する際に切り口をあらかじめ決める必要があるのに対し、マトリックス・データ解析は、分析の対象とする項目が多く、切り口を絞り込めない時に、統計的な処理を行うことで情報の損失をできる限り少なくしながら、主成分という総合的な指標にまとめることができます。

以下のような場面で活用できます。

①品質にかかわる多数のデータを集約して問題を見つけたい時
②製品に関する顧客からの評価などの現状を把握したい時
③アンケート結果などをもとに仮説を構築したい時
④新製品を開発するにあたり、世の中に出ている製品の傾向を知りたい時

マトリックス・データ解析は以下の手順で進めます。

①集めたデータをマトリクス図で整理する
②各項目の平均値、標準偏差を計算し、相関行列を作成する
③固有値・寄与率（累積寄与率）を計算し、主成分（第一・第二）を決める

④各々の主成分に適切な名前をつける
⑤サンプルにおける主成分ごとの得点を散布図にプロットする
⑥散布図においてグルーピングを行い、傾向を整理する

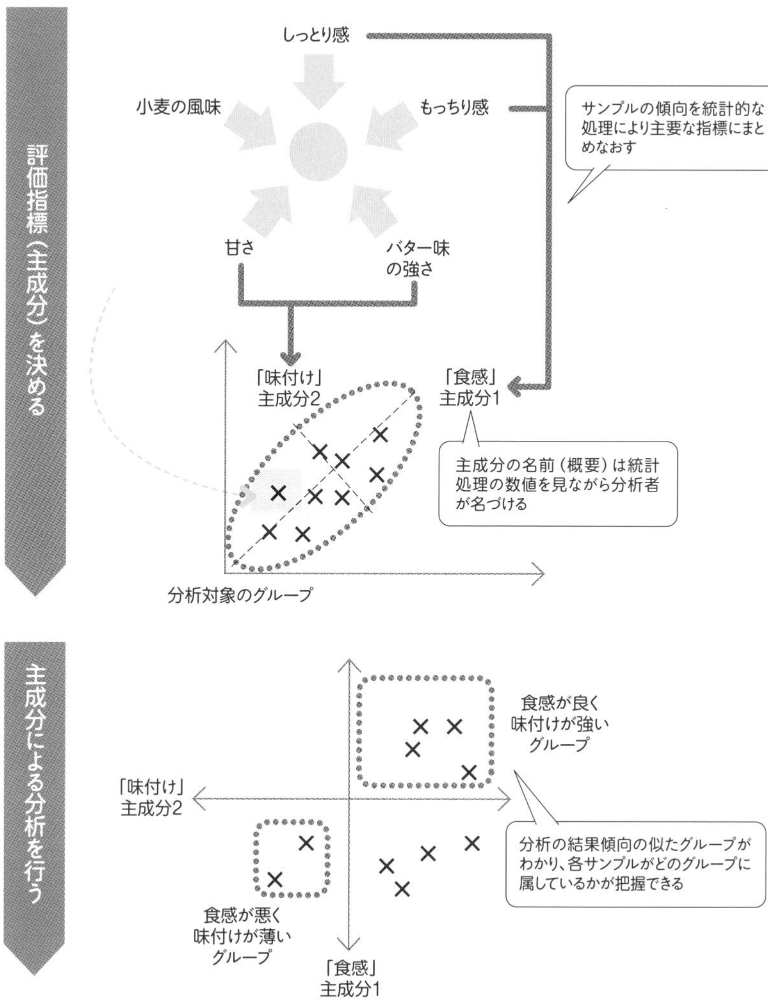

具体的行動

マトリックス・データ解析で特性を総合的に評価しよう。

第 4 章

品質管理の基本その2

—品質管理の実践—

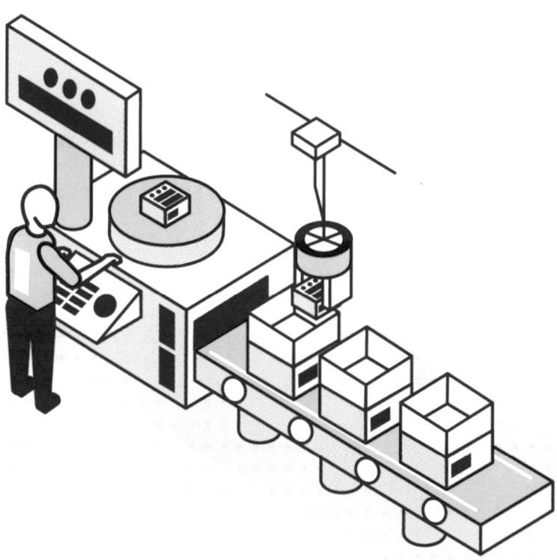

no. 53 QCストーリー成功の原則

職場にはさまざまな問題があります。ある人が**「問題のない現場は１つもない」**と話していましたが、仕事をして、ものをつくっていれば必ず問題は起きるものです。当然、こうした問題の解決も必要になるわけですが、日々の仕事をこなしながら、生産計画に従って仕事をしながら問題も解決するのは簡単ではありません。

問題解決を効率よく、効果的に行うためにQCストーリーやQC７つ道具、新QC７つ道具があるわけですが、これらを上手につかいこなすためにはいくつかの守るべき原則があります。

１．重点指向

日々の仕事をこなしながら、限られた人と限られた時間や費用の中で問題を解決するためには、すべての問題に対応するのは現実的ではなく、効率的でもありません。

そのような時には、「重点指向」で、影響度の大きな問題から先に取り組むことが必要になります。影響度の高い問題から取り組むことで、効果的に改善効果を得ることができます。

２．偶然原因と異常原因

ものづくりをしていると、作業者も使っている設備や原材料も変わっておらず、やり方も同じなのに、いつもまったく同じ製品ができるとは限りません。これらは何らかの「バラツキ」によるものですが、バラツキには、いつもあるバラツキ（偶然原因によるバラツキ）と、いつもとは異なるバラツキ（異常原因によるバラツキ）があります。

前者の場合、バラツキのメカニズムを科学的に追及して改善を図る必要がありますが、後者の場合は「いつもと異なったことをしていないか」事実確認を行い、再発防止を図ることが必要になります。
「結果をチェックする」検査ではなく、「結果でチェック」することで、工程で品質をつくり込むようにしましょう。

3．層別

同じ製品を何台かの設備で製造していたり、異なる作業者が製造に関わっている場合、製品に問題が見つかっても、どの設備、どの作業者が製造したのかがわからなければ、正しく問題を把握することはできません。そこで、問題が起きた時には、設備や機械別、作業者別、時間別、原材料別、作業条件別などの「層別」を行うことで問題の現象を詳しく調べるようにします。

4．図示化

改善は一人で進めるわけではありません。現場の仲間や上長と意見交換をしながら結果を出していくことになりますが、その際、①QC７つ道具などを使い、対象を図で表す、②現在取り組んでいる作業が全体のどこに位置しているのかを図で明らかにしながら進める　―　ようにしましょう。問題や進捗状況などをみんなに見えるようにすることで、みんなの協力も得られるし、知恵も出るようになります。

5．仮説と検証

問題を解決するためにはいきあたりばったりで進めるのではなく、まず仮説を立て、それが正しいかどうかを客観的に検証しながら進めていくようにします。

具体的行動

QCストーリーの成功のために５つの原則を大切にしよう。

no.

54 QCストーリーで7つ道具はこう使う

QCストーリーは職場における問題を解決する際に活用するものですが、その際、助けになるのがQC７つ道具と新QC７つ道具です。それぞれに「どこで使うか」という決まりはありませんが、「このステップで使われることが多い」という傾向はあります。

QCストーリーに沿って見ていくことにします。

【ステップ1】テーマの選定

問題点を把握して、改善に取り組むテーマを決めますが、主に次のような７つ道具が使われます。

①**親和図法** — 問題認識を整理して、改善対象を明確にします。
②**連関図法** — 問題構造を浮き彫りにして、改善対象を明確にします。
③**パレート図** — 複数の改善対象候補から、定量的に優先順位を決めます。

【ステップ2】現状の把握

テーマとして取り上げた問題点について事実を確認します。主に次のような７つ道具が使われます。

①**連関図法** — テーマに関わる複雑な問題構造を理解します。
②**パレート図** — 計数値で表す現象を理解する、また、現象を構成する要素をさまざまな切り口で理解し、優先的に取り組むべき要素を把握します。
③**散布図** — 特性間の因果関係を把握します。
④**ヒストグラム** — 計量値で表す現象を平均値やバラツキ具合で理解し、平均やバラツキがどう悪さをしているかを理解します。

⑤**管理図**　―　時系列で見て異常の有無を確認し、異常があれば、どのような要因があるのかを明確にします。

【ステップ3】目標の設定

現状をどこまで良くするか、改善目標を決めます。なお、目標には対象の管理特性が到達すべき目標値（高さ目標）と、もたらされる結果（主に経営的成果）についての目標値（面積目標）の２つあります。改善にあたっては経営成果につながる結果を出すことが重要になります。

主に次のような７つ道具が使われます。

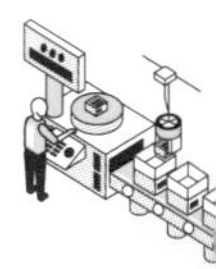

①**グラフ（高さ目標）**　―　年度末など、ある地点で到達すべき目標値（施策の達成目標となるもの）を設定し、達成すべき最終結果を明示します。
②**グラフ（面積目標）**　―　高さ目標を達成することで得られる、総成果を表す目標を明示します。
③**系統図法**　―　目標を構成している要素別に分解して、それぞれの目標を割り付けます。

【ステップ4】実施計画の策定

目標達成までに何をすべきかについての計画の概要を整理、共有します。次に明日から何をすれば良いのかについて、メンバーが迷わないように、実施項目とスケジュール、担当者を明らかにします。こうしたスケジュール表を「ガント・チャート」と呼ぶこともあります。主に次のような７つ道具が使われます。

①**PDPC法**　―　改善の推進手順を見える化しますが、改善活動の実行中に予測される障害も事前に明らかにすると良いでしょう。

【ステップ5】要因の解析

問題を引き起こしている原因を追究します。要因の解析は、「仮説の設定」と「仮説の検証」を繰り返しながら実施していくことになります。主に次のような７つ道具が使われます。

仮説の設定段階

①**連関図法**　—　複雑に絡み合う因果関係を整理し、根本原因の仮説を検討します。

②**特性要因図**　—　問題の要因に関する知見を洗い出し、根本原因の仮説を検討します。

③**系統図法**　—　問題の要因をモレのない切り口で分解し、原因と結果の関係の全体的な仮説を立てます。

仮説の検証段階

①**グラフ**　—　原因と思われる特性を変化させ、前後で結果に影響を及ぼしたかを時系列の変化で確認します。

②**散布図**　—　定量的な特性間の原因と結果の関係を確認します。

③**ヒストグラム**　—　平均値やバラツキ具合の原因と思われる定量的な特性の影響を確認します。

【ステップ６】対策の検討および実施

原因に対する対策案を考え、実行します。主に次のような７つ道具が使われます。

①**親和図法**　—　自由発想で改善案をいくつも挙げ、それをまとめます。

②**系統図法**　—　改善すべき事項に対して、その手段を系統的に整理し、必要な手段を明らかにします。

③**マトリックス図法**　—　改善事項と対象範囲を二元的にまとめ、理解を深めます。

④**PDPC法**　—　改善案の実行を確実なものにするために、予測される障害を検討し、その対策も検討します。

⑤**アロー・ダイアグラム** ― 改善案を遅滞なく実行するために、活動順序や日程を整理し、日程がタイトな活動項目を明確にし、計画的に改善を進めます。

【ステップ7】効果の確認

対策を実施したことで狙いとした効果を得ることができたかを確認します。主に次のような7つ道具が使われます。

①**パレート図** ― 計数値特性の現象について、改善前後を比較します。
②**ヒストグラム** ― 計数値特性の現象について、改善前後を比較します。
③**管理図** ― 異常原因の対策が有効だったかどうかを時系列で確認します。

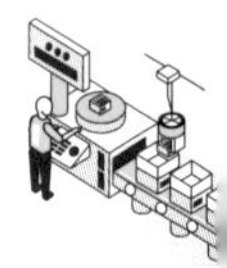

【ステップ8】標準化および管理の定着

対策を実施することで計画通りの効果を得ることができたなら、元の状態に戻らないように対策で実施したことを標準化し、ルールとして定着させます。主に次のような7つ道具が使われます。

①**PDPC法** ― 改善策を日常管理に移行するにあたり、手順をマニュアル化します。
②**マトリックス図法** ― 新しい仕事のやり方を実施する対象を理解しやすくします。
③**チェックシート** ― 改善策を徹底し、実施の有無を管理します。
④**管理図** ― 改善効果が継続していることをサンプリングによって監視します。

具体的行動

QCストーリーの各ステップで7つ道具を上手に使いこなしていこう。

no. 55 流出防止改善の進め方とポイント

不良を削減するための方法には検査を徹底することによって不良品を後工程に流さないようにする「流出防止改善」と、不良品をつくらないように工程を改善する「発生源対策」があります。

流出防止改善においては検査の強化が必要になりますが、そもそも検査とは何であり、検査の目的は何なのでしょうか。

検査とは、製品の質を、あらかじめ定められている品質基準（規格値）に照らして測定し、適合しているかどうかを判断し、不適合品を除去することをいいます。

品質管理では、ただ測定してデータを出すだけのことを試験または測定といって、検査とは呼びません。検査は、品物の良・不良、合格・不合格を判定することを指します。

検査の目的は４つあります。

①不良な材料、仕掛品や製品のうちから、不良品を選別・除去する。不良除去のための検査であり、不良を見つける検査です。
②不良の原因を調べて、これを除去するのに役立てる。こちらは「予防のための検査」といえます。
③製造工程の品質標準を管理する。
④材料の品質、部品や製品の品質に関するデータを報告する。

検査は品質管理活動の一部ですが、本来は製造工程で品質の変動をおさえて、不良が出なくなるようにして、検査をできるだけ不要にすることがものづくりにおける理想です。

検査には①受入れ・購入検査、②工程・中間検査、③最終検査、④出

荷検査 ― という4つのタイミングがあり、①ロット別の抜き取り検査、②全数検査、③管理抜き取り検査 ― という検査頻度による検査の分類がありますが、検査というのは単に検査工数をかければいいとか、検査頻度を増やせばいいというものではありません。非効率な検査を効率の良い検査に変えていくことが必要になります。流出防止改善の進め方は次の通りです。

Step 1 現状の検査手順の明確化

Step 2 効率的な検査工程の設定

Step 3 標準検査方法の設計・見直し

Step 4 改善実施・フォロー

流出防止改善は、ただ検査工数をかければいいというものではありません。何より大切なのは工程ごとの検査責任を明確にして、必要な時に、必要な検査をしっかり行うことが重要です。

そのためにも現状の検査方法と不良の発生状況を踏まえて、工程のどの段階で何を検査すべきなのかをしっかり整理することが必要になります。どの工程で、どんな手順、どんな器具、どんな基準、どんな頻度で検査をすれば不良を見つけられるのかを考え検査方法を設計しましょう。そのうえで決めたことを守ることを徹底し、改善し続けていくことが不良を減らすことにつながっていくのです。

具体的行動

現状をしっかり把握してより良い検査体制を設計しよう。

no.

56 発生源対策の進め方とポイント

「発生源対策」とは、不良を発生させないように工程で品質をつくり込むことをいいます。

検査を改善することで不良品が外に出ることを防ぐことができたとしても、「不良品ができる」ことを防げるわけではありません。もし検査をすり抜けて不良品が流出した場合には、企業としての信頼が損なわれます。あるいは、検査で不良品を発見して、手直しをすることで市場に出せたとしても、そこでは「不良品を手直しする」という本来ならやらなくてもいい作業をすることになります。

つまり、不良品ができるという問題がある以上、手直しというロスをなくすことはできませんし、検査に関しても流出ゼロを目指すなら厳格化するほかはないのです。

こうした問題を解決するためには、そもそも不良品の生まれない、「良品100％」を目指すのが最も効果的です。

では、どうすれば不良品をつくらずに済むのでしょうか。

それには生産の４要素（４Ｍ）を最適条件にし、製品の品質（製造規格）を確保することが大切です。

①設備・治具工具・測定具

設備保全を徹底し、機械の精度が出るようにする。

②材料

材料品質の基準を明確にし、不合格品を受け入れない。

③作業方法・加工条件

設定した作業方法、加工条件を見直し、順守する。

④人（モラール）

作業標準を守る、問題・異常に気づくように意欲・問題意識を持たせる。

4Mを維持するための作業標準や点検基準を決める活動を「品質の改善管理」といいます。さらに、決められた最適条件を維持する作業標準および点検基準を守る活動を「品質の維持管理」といいます。

このように4Mを最適条件にすることに加え、2つの管理を徹底することが、製造の品質を決めるうえで非常に重要な取り組みといえます。

発生源対策を進めるためのポイントは以下のとおりです。

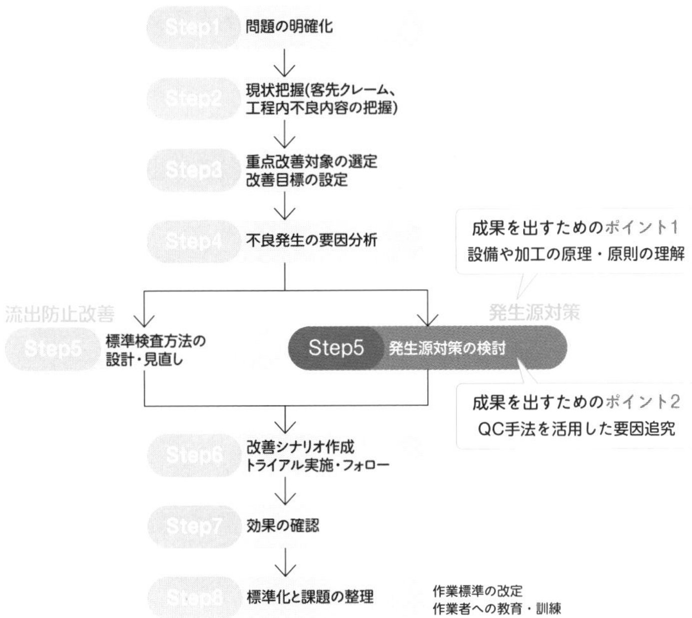

発生源対策には「不良が発生しているのはどの要因か」を正確に知ることが大切になります。**「真因」を潰してこそ同じ問題は発生しなくなりますし、その分、品質も向上することになる**のです。

具体的行動

不良の発生しない工程づくりを目指そう。

no.

57「品質の五原則」の徹底を

企業として製品などの品質を向上させるためには絶えざる品質向上活動が必要になりますが、そのためにはこうした取り組みが職場にしっかりと定着し、風土となるまで続けることが大切になります。

そのためには「品質は製造部門の仕事だから」と製造部門で働く人たち任せにするのではなく、**組織として上から下まで全社一丸で取り組むことが重要**になります。その組織的な品質活動をうまく進めるためには、以下の「品質の五原則」を活用して改善します。

原則1. クレーム原因と対策書が全員に回るしくみになっているか？
▶不良発生報告書などを作成し回覧する。 ▶現場担当まで回覧して、全員で対策を打つ。
原則2. クレームの処理ルールは決まっているか？
▶いつまでに、誰が、何を、どのような判断基準で、どのように対応するのかのルールを決めて、即対応できる体制を整える。
原則3. チェックシートはあるか、その項目、基準は明確か？
▶不良検出可能工程にチェックシートを整備。 ▶チェック内容を具体的に規定(項目、基準、手順、頻度)。 ▶チェック結果は日々集計。 ▶不良発見時は、発生工程へ結果をフィードバック。
原則4. 重要工程に作業標準を掲示しているか？
▶最低限の作業標準を作成し、人が変わっても標準を維持できるしくみを構築する。
原則5. QC工程表は整備されているか？
▶誰が見ても内容がわかるようにする。

上記の原則と自社の活動や組織風土を照らし合わせた時、はたして「品質の五原則」はどれほど徹底されているでしょうか。企業であれば「品質の大切さ」を理解していないところはないでしょうし、「品質向上」を目標として掲げているところも多いのではないでしょうか。

しかし、品質の向上は目標として掲げればいいというものではありませんし、製造現場で働く人たちに「しっかりと改善しろ」と発破をかければできるというものではありません。品質向上を日々の活動を通して実現していくためには、あらためてルール・基準の明確化、情報の共有、情報の見える化を徹底することが必要といえるでしょう。

「品質の五原則」を徹底することで、品質不良が社外に流出した場合に早急に対応できる仕組み、そもそも品質不良が発生しない仕組み、事前に品質をつくり込める仕組みを築き上げていくことが何より大切なことなのです。

具体的行動

「品質の五原則」にのっとって組織全体で取り組もう。

no.

58 歩留まり向上のために

「歩留まり」とは、主としてインプットした原材料の量に対して、アウトプットにあたる完成品の比率をいいます。

歩留まり率（%）＝アウトプットの量（完成品数）÷インプットの量（投入原料数）×100という式で算出されます。

歩留まり率はしばしば良品率と混同されることがありますが、良品率は「良品率（%）＝良品数÷完成品数×100」という式で算出されるように、**「歩留まり率＝良品率」ではありません。**

製造業において、「良品率100%」は理想ではあっても、なかなか難しく、そのために「品質は工程でつくり込む」といった改善活動を行うわけですが、同様に歩留まり率に関しても「歩留まり率100%」はハードルの高い数値といえます。

理由は原材料を加工する過程ではさまざまなロスが生じるからですが、そのロスを少なくすることによって材料の生産性が向上し、材料費を低減することができるだけに、製造業にとっては歩留まり率の向上は、生産性や効率性の向上のために不可欠な取り組みといえます。

では実際に歩留まり率の向上に取り組むうえで何が必要かというと、歩留まりのロスがどのような要因で発生するかを知ることから始まります。

歩留まりのロスは、購入された原材料が製品に加工されていくプロセスにおいて、製品に使用されない、あるいは使用できないものが発生することで生じています。以下のようになります。

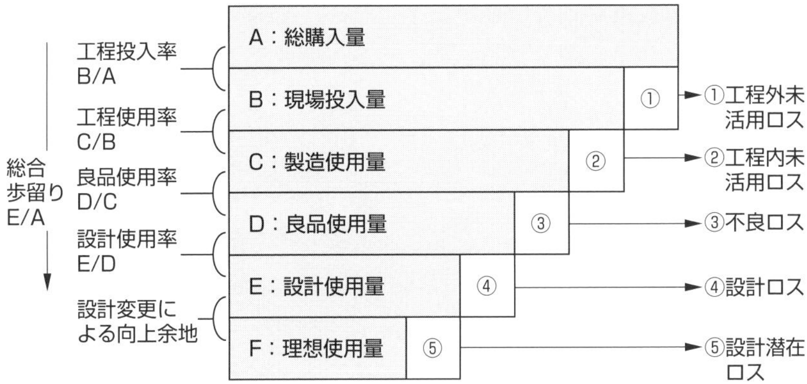

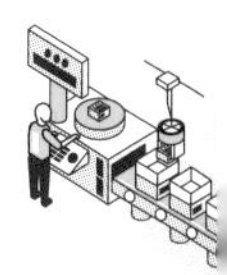

1．工程外未使用ロス

工程外未使用ロスは、生産で使用される予定のない原材料や保管中の劣化、購入契約量（表示重量）と正規納入量の差異などによって発生します。

生産で使用される予定のない原材料というのは、生産計画が変更されたり、あるいは製品の仕様変更に伴い、使用される原材料が変わり、使用予定がなくなってしまうものです。

保管中の劣化というのは、保管が長期になることで劣化したり、保管状態が悪いため、原材料が劣化することも含まれます。

購入契約量（表示重量）と正規納入量の差異は、重量単位で購入している粉末原料や液体原料などで発生します。

これらが工程外未使用ロスといわれるものです。

2．工程内未活用ロス

工程内未活用ロスとは、工程に投入されるものの、生産に使用される前に使用できなくなってしまうロスのことです。

主として工程内運搬担当者の作業ミスによる原材料の破損や、形状変化（曲がりなど）などにより使用できなくなる原材料のロスが該当します。

現場での原材料管理の状態を見直したり、運搬方法の改善を行うなどロスの発生しにくい環境をつくることが求められます。

3．不良ロス

不良ロスとは、製造工程における作業ミス、設備のトラブル・チョコ停により発生する製造不良、段取り替えにおける試加工など、さまざまな要因によって発生します。さらに標準を超える過剰投入や材料の漏れ、こぼれなども該当します。

製造工程における作業ミス、設備のトラブル・チョコ停による製造不良は、そもそも不良をつくらないように、発生源対策を行うことが求められます。

4．設計ロス

設計ロスとは、工程設計や製品設計の理由で発生し、測定可能なロスのことです。

工程設計ロスとは、現状の工程設計の理由で発生するロスをいいます。代表的なものにネスティングロスがあります。これは一枚の板から部材をいくつか取る場合に、原版すべてを部材にできないために発生した端材や、部品と部品の間の取り代が必要なために発生するロスのことです。

また、設備や配管の形状により原材料が付着したり、設備や配管内に残留し、段取り替え時に洗い流されてしまうロスも該当します。

製品設計ロスとは、製品の設計上やむを得ず発生するロスのことで、原材料から部品を製造する時に発生する切り粉やプレス打ち抜き端材などが該当します。

こうしたロスの削減には、製品設計の変更を含めた設計段階からの見直しが必要になります。

5．設計潜在ロス

設計潜在ロスとは、製品設計を見直すことで初めて明らかになるロスをいいます。たとえば、もともとの部品寸法をより小さいものにすることで、使用する材料が減少した場合、潜在ロスがあったということになります。

そのため、この潜在ロスは、目に見えるものではなく、より少ない材料仕様に改善できる設計変更ができた場合に明らかになるロスです。

現状分析からではなく、アイデアを思いついたら設計部門にフィードバックしていきましょう。

このように歩留まりのロスにもさまざまなロスがあるわけですが、製造現場ではどうしても「不良ロス」に目が行く傾向があります。

つまり、製造現場に求められるのは、設計通りに、標準作業通りにものをつくることが大切で、それ以外の未活用ロスや設計ロスに関しては「自分たちの仕事ではない」と考える人が少なくありません。

しかし、実際には製造現場だからこそ、「より少ない原材料でものがつくれないか」「設計のここを変えればもう少し良くなるのでは」と気づくこともあるはずです。

歩留まりの向上は企業にとって生産性の向上や原価の低減に直結します。まずは現状をしっかりと把握し、ロスを１つひとつ改善していくことが大切なのです。

具体的行動

歩留まりロスに関心を持ち、生産性の向上と原価低減に努めよう。

no.

59 歩留まりロス削減に向けて

歩留まりロスにはさまざまなものがありますが、これらを改善するためには3つの視点が必要になります。

1．Reduce（リデュース：削減する）

①製造不良の低減

製造不良については、不良削減の発生源対策を進めることで良品率を高めていきます。

②試加工不良の低減

段取り後に一発良品化できるように設備の加工条件を最適化することが求められます。段取り時に材料や刃具、治具工具などの微妙な調整が必要だと、どうしても段取り後の試加工が必要になるだけに、これらを誰がやっても短時間で簡単にうまくできるように改善することが求められます。

③端材低減

端材ロスを減らすためには設計の見直しや、たとえば原板サイズを変えるといったやり方が考えられます。

④漏れ・こぼれのロス削減

漏れ・こぼれは、生産中の漏れ・こぼれだけでなく、工程間の運搬時の漏れ・こぼれも含まれます。経路の見直しや、現場でのハンドリングを減らすといった対策が考えられます。

⑤容器への付着・配管への残留物削減

容器への付着は、付着しにくい素材や形状への変更、また配管への残留物は付着しにくい設備や配管の形状の改善などが考えられます。

⑥標準を超える過剰投入の削減

過剰投入は、実際の投入量が標準よりも過剰になっていることを指します。原因を追究し、標準を順守できるように対策を実施することが大切です。

2．Reuse（リユース：再使用）

再使用というのは、これまで使用していなかったロス原材料を再利用することをいいます。

代表的なのが端材の再利用です。たとえば、食品会社などでは端材だけを集めて別の製品をつくるなど、それ以前なら捨てるだけだった端材を再利用することで、原材料費の購入量削減を試みています。

3．Recycle（リサイクル：再生利用）

再生利用は、これまで廃棄していたスクラップなどを部材として再生利用することです。たとえば、鉄などの金属類などは、一度溶かして再生利用することができます。

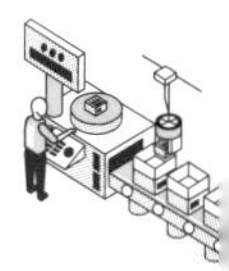

ロス区分	主なロス	加工組立	装置	改善方向性		
				Reduce：削減	Reuse：再使用	Recycle：再生利用
工程外未活用ロス	生産計画変更による材料廃棄ロス	○	○	生産計画、調達方法の見直し	・別部品へ端材利用 ・端材の再利用によるB級製品の生産　等	・廃棄品の再生利用　等 （素材の種類や色などの分別管理の徹底）
	保管中の劣化ロス	○	○	原料管理の見直し　等		
工程内未活用ロス	原材料破損ロス	○	○	運搬方法の改善　等		
不良ロス	製造不良ロス	○	○	製造不良の低減（発生源防止）　等	・不良による材料、製品の状態を見て、再使用・再生利用できるかの見きわめが必要	
	試加工不良ロス	○	○	試加工不良（段取り後の初品試加工）の低減　等		
	漏れ・こぼれのロス		○	材料経路の見直し、 漏れ・こぼれ防止柵の設定　等		
	標準を超える過剰投入		○	標準の遵守　等		
設計ロス 設計潜在ロス	板取りロス	○		原板サイズの見直しによる端材低減　等	・別部品へ端材利用 ・端材の再利用によるB級製品の生産　等	・廃棄品の再生利用　等 （素材の種類や色などの分別管理の徹底）
	材料の耳落としロス	○		材料チャッキングサイズの見直し等		
	クランプ代ロス	○		クランプ代の見直し　等		
	容器への付着、 配管への残留物ロス		○	容器の仕様変更、 設備、改善の形状改善、 清掃作業改善　等		
	配合ロス		○	配合量の適正化		

注）チャッキングサイズ：自動機による材料のつかみ代

具体的行動

歩留まりロス改善はリデュース、リユース、リサイクルの視点で。

no.

60 歩留まりロス削減の進め方

製造原価に占める原材料費の比率は高いので、歩留まり率を改善することができれば大きな効果が期待できます。ただし、そのためにはきちんとステップを踏みながら改善をしていくことが欠かせません。

成果を出すための手順とポイントは次の通りです。

①現場での歩留まりロスの正しい実績収集

歩留まりロスを削減しようと、成果を急ぐあまりにきちんと実態を把握しないままに、いきなり改善案にトライする企業がありますが、これではせっかくの活動も実を結ぶことはありません。

歩留まり改善では、歩留まりロスの実態を正しく把握することがとても重要になります。

②効果金額が大きいロスの重点改善

集計した歩留まりロスを元に、重点改善対策を選定し、改善目標を設定していきます。これは他の改善活動でもいえることですが、限られた時間と手間で成果を最大にするためには、対象の重点化が重要になります。対象はたくさんあったとしても上位のいくつかに絞って対策を打てば、全体のかなりの割合のロスを改善することができます。

③QC手法を活用した真因追究

対象が決まったら、対象としたロスが発生する要因分析を進めます。QC手法をうまく活用しながら要因追究を進めることが、歩留まり改善を上手に進めるポイントです。

④部門連係による施策立案

要因分析の結果に基づいて改善の立案を行いますが、なかには生産現場だけでは改善が難しいものもあるだけに、その際は関連する部門と連携して進めましょう。

販売量を増やすことや、原材料の単価を下げることは、自社の努力だけでは実現できません。一方、歩留まりロスで発生しているムダは自分たちで改善することで削減することができます。

正しい手法を使い正しい手順で歩留まりロス削減に取り組みましょう。

STEP 1 問題の明確化

STEP 2 歩留りロス実態の把握
歩留り率の算出

成果を出すためのポイント❶
現場での歩留りロスの
正しい実績収集

STEP 3 重点改善ロスの選定
改善目標の設定

成果を出すためのポイント❷
効果金額が大きい
ロスの重点改善

STEP 4 歩留りロス発生源の追究

成果を出すためのポイント❸
QC手法を活用した
真因追究

STEP 5 3Rの視点に基づく
ロス低減案の検討

成果を出すためのポイント❹
部門連携による施策立案

STEP 6 改善シナリオの作成
トライアル実施・フォロー

STEP 7 効果の確認

STEP 8 標準化と課題の整理

具体的行動

歩留まりロス改善は正しいステップを踏んで進めよう。

no.

61 改善活動の進め方

改善活動を進める場合、主にプロジェクト活動と小集団活動があります。プロジェクト活動が、複数の部門に関わる特定の問題、課題を解決するために、それぞれの関連部門からメンバーを選出して、どちらかといえば難易度の高い、長期的なテーマに取り組むのに対し、小集団活動は、自分たちの職場のあり方や仕事のやり方などの改善に取り組む全員参加型の活動といえます。こうした活動を通して職場メンバー一人ひとりの能力向上や自己実現、チームワークのとれた活気ある職場づくりを実現できるところにも小集団活動の良さがあります。

1．プロジェクト活動の進め方

プロジェクト活動を進めるにあたっては、最初に目標や予算、納期、体制、リスクを明らかにしておきます。

①目標

プロジェクトの成功によって実現できること、成果物を明確にします。

②予算

プロジェクトに使える人やお金などを明確にします。

③納期

いつまでに成果を出さなければならないのかを明確にします。

④体制

課題解決のために関係する部門や人たちが、どのような専門知識、能力が必要かを明確にします。

⑤リスク

プロジェクトの成功に影響を及ぼす可能性があるものを明確にし

ます。あらかじめリスクを想定し、対応策を決めることによって、スケジュールの遅れを避けることができます。

上記を明確にした後はプロジェクト計画を立て、実行に移りますが、同時に以下の点を決めておくとスムーズに進みます。

①プロジェクト計画

必要な作業を詳細に洗い出し、計画をつくります。事前に洗い出したリスクへの対策も検討したうえで計画に追加します。

②マイルストーン

プロジェクトにおける各ステップの完了を明確にします。

③プロジェクト体制と役割分担

プロジェクト推進にあたっては、プロジェクトオーナー、リーダー、メンバー、社内あるいは社外のアドバイザーなどの位置づけと役割を明確にします。

④進捗管理方法

定期的に進捗会議を開催するだけでなく、リーダーおよびメンバーがリアルタイムで作業の進捗状況を確認できるようにします。模造紙やホワイトボードを使って進捗状況の見える化を。

⑤メンバー間のコミュニケーションの取り方

メール、社内イントラネットなどによる連絡ルール、会議体の運営ルールを明確にします。

2．小集団活動の進め方

小集団活動を進めるにあたっては、目的やメンバー編成、リーダーの選出、グループ名などを決めておきます。

①目的

小集団活動の目的を明確にします。組織として小集団活動を推進する目的は、職場のメンバー一人ひとりの能力の向上、活気に満ちた職場づくり、強固なチームワークづくり、職場の問題解決を通した組織への貢献、顧客満足の向上などです。

②メンバー

職場の問題を改善できるのは日頃からその仕事をしている職場の人たちです。職場単位でグループを結成しますが、問題解決には前工程や後工程との連携が必要になることも多く、問題意識が高まることによって、所属組織を超えたグループが結成されることも想定されます。

③リーダー

リーダーは、職場の責任者が務める、指名によって決める、メンバーが交代で務めるなどの方法がありますが、小集団活動はチームをまとめ率いることのできるリーダー層の育成も目的としているので、最適な方法を決めてリーダーを選びます。

④グループ名

グループ名をつけることで連帯感も高まるため、親しみやすいグループ名を考えます。

小集団活動ではQCストーリーを参考に、７つ道具も使いながら職場の課題を解決していきます。活動に際しては以下の点に留意しながら進めていきます。

①テーマの設定

職場のメンバーが、日頃困っている問題や、「もっとこうしたら」と考えている問題を取り上げることによって、メンバーの活動に対する関心や積極性を高めます。

所属部署の目標に貢献できて、かつグループの中で解決可能なテーマがベストといえます。問題の中には自分たちだけでは解決できないものもありますが、最初からあまりに大きなテーマを取り上げると、短期間で成果を上げるのが難しくなりますから、最初は比較的取り組みやすいテーマで、慣れてくるにつれてより難しいテーマに取り組むと良いでしょう。

②グループミーティング

小集団活動は、メンバーとの話し合いによって問題解決を図るため、毎月１～２回は定期的なミーティングの場を設定します。小集団活動は日々の仕事をこなしながら行うため、まとまった時間をとることが難しい時もありますが、短い時間でも時間を決め、頻繁に話し合う機会を設けます。

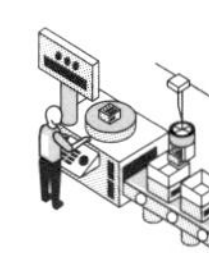

③上司やスタッフからの技術的、コスト的支援

ミーティングの結果は記録として残し、上司に提出します。上司にコメントやアドバイスをもらうことによって、必要に応じて技術的、コスト的な支援を受けられるようにします。

④活動成果報告

活動内容は記録し、報告書を作成します。発表大会などを企画し、関係者に活動内容を報告します。さまざまな人からコメントやアドバイスをもらうことによって、改善活動のレベルアップにつながりますし、他の職場との連携や協力も得られやすくなります。

こうした発表会はメンバーにとっても晴れ舞台であり、人としても社員としても成長するきっかけとなります。

具体的行動

改善活動を通して問題を解決し、人としても成長しよう。

no.

62 小集団活動のリーダーの役割

小集団活動においてリーダーの果たす役割は大きなものがあります。職場の問題を改善することはもちろんですが、そのためにはメンバーをまとめ、メンバーの知恵を引き出し、かつ実行にあたっては上長や働く人たちの理解と協力を得ながら進めていくことが重要になります。

そのためにはリーダーには以下のような役割や能力が求められます。

1．コミュニケーション管理

チームが成果を上げられるかどうかはメンバーの資質以上にリーダーが正しくチームを運営できるかどうかで決まります。なかでもコミュニケーションの取り方はとても重要で、リーダーはメンバー同士のコミュニケーションに気を配り、リーダーとメンバー間のコミュニケーション、そしてリーダーとプロセスオーナーのコミュニケーションという３つのコミュニケーションを管理する必要があります。

改善活動というのはいつも計画通りに進むとは限りません。問題や障害によって計画が進まなくなることもあれば、メンバー同士の確執なども考えられます。こうした問題をクリアするためにリーダーはメンバーや関係者と常に良好なコミュニケーションをとるように心がけることが求められます。

2．役割分担の設定

小集団活動は一人の知恵ではなく、みんなの知恵を集めて問題を解決していく活動です。そこでもメンバー全員が参画し、知恵を出し、協力することが求められるだけに、リーダーは各メンバーの特性や能力に応じて、役割を設定することが大切になります。

メンバーはそれぞれ与えられる役割は違ったとしても、対等な関係にあります。検討の場では、全員が自由に意見をいうことができて、その意見をみんなが尊重する「心理的安全性」も重要になるだけに、リーダーはメンバー全員が互いに意見を出し合い、力を合わせて行動できるように、メンバーの自主性、自発性を引き出すように努めます。

3．日程管理

活動が計画通りに進むように、リーダーは何らかの理由で遅れが発生した時には、挽回策を打ち、当初の計画通りの期間内に狙った成果を出せるように努めます。

そのためにもリーダーは計画の進捗状況を把握し、それをみんなに見えるようにしたうえで、遅れが発生した、あるいは発生の恐れがある時には、早めに対応を明確化して、計画内容の修正を行います。

リーダーの力量は計画が計画通りに行かなくなった時にこそ発揮されます。

4．報告書の作成

小集団活動の成果は発表会などで披露されることも多いのですが、何より大切なのは発表会のために見栄えの良い報告書をつくることではなく、活動を通して得られた知識やノウハウを次の活動のために、また組織の財産として残していくことです。

そのためにも報告書はうまくいったことを記録するだけでなく、うまくいかなかったことについても、「なぜうまくいかなかったのか」「同じ失敗を防ぐにはどうすればいいのか」といった原因や対策についてもきちんと記録するようにします。

そうすることで活動に参加したメンバーが学びを得られることはもちろん、その経験が組織の知識やノウハウとして蓄積されていくのです。

具体的行動

メンバーをまとめ、知恵を引き出す、成果を出すリーダーであれ。

第 5 章

安全衛生の基本
その1

―安全衛生の基本―

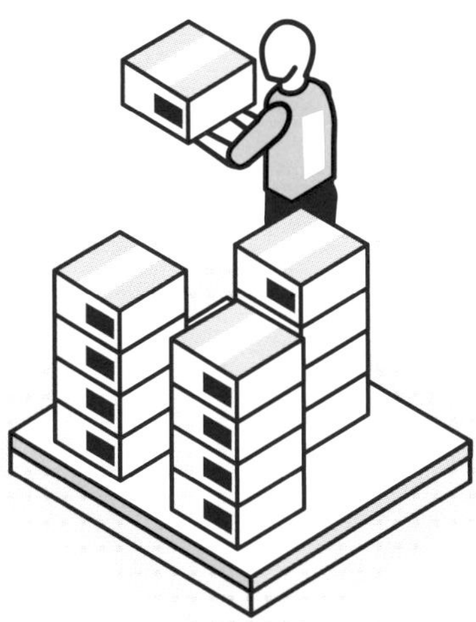

no.

63 安全衛生に対する意識を高めよう

ものづくりの世界でいわれることの１つに**「安全と品質はすべてに優先する」**があります。

企業にとって売上や利益は成長にとって欠くことのできないものだけに、ものづくりにおいてもついコストやスピードを重視しがちですが、安全や品質を疎かにしてしまうと、企業は長年かかって築き上げた信頼を失い、企業としての存在さえ危うくなりかねません。そうならないためにも企業で働く一人ひとりは安全や品質の大切さを念頭に置き、正しい行動をすることが求められます。

「安全衛生」とは、「従業員が健康に、危険なく、安心して働くことができる環境づくり＝快適な職場づくり」のことであり、会社が守るべき義務の１つです。

会社は、事故・災害を起こさないための対策をとるのは当然のことですが、それでも時に不幸な事故や災害が起きることもあります。そしてこうした事故や災害を起こした場合、法律に反するものがあれば、罰金や罰則の対象となり、マスコミで報じられ、信用失墜などの損失を被ることになります。

だからこそ「安全衛生」は会社が事業活動を継続するうえで重要な前提条件であり、会社で働く一人ひとりが安全衛生の大切さをしっかりと理解して、積極的に取り組んでいくことが重要なのです。

しかし、どんなに安全対策を講じても、事故や災害の起きる確率を完全に排除することはできません。人間が作業をする以上、事故や災害のリスクをゼロにするのはとても難しいことですし、機械設備についても100％の安全はありません。そうした中で安全で衛生的な環境を維持して事故や災害を防ぐためには、法律を遵守するとともに、働く一人ひとりが安全や衛生を意識することが大切になります。ポイントは３つです。

1．どんな危険があるのかを知ろう

自分が関わっている作業にどんな危険があるのか、どんなリスクがあるのかについて、ベテラン従業員であれば、経験を通してある程度、気をつけるべき点がわかっているかもしれませんが、大半の人は身近に事故や災害を経験したことがなければ、実感として理解できていないのが現状でしょう。自分が関わっている作業には「どんな危険があるのか」「どんな災害や事故につながるのか」について知ることで安全衛生への意識は大きく変わります。

2．日々の行動を通して安全衛生意識を高めよう

多くの職場には「安全第一」や「整理整頓」といった標語が掲げられていますし、朝礼などで「安全」に関する標語を唱和するところもありますが、これらがただの「お題目」になり、日頃の行動に活かされなければ何の意味もありません。

安全に対する意識は、ある日突然に高まるわけではなく、日々の取り組みを通じて変わるものです。階段を上る時には手すりを持って一段ずつ上がると決められているにもかかわらず、つい駆け上がっていないでしょうか。工場の敷地内でつい乱暴な運転をしてはいないでしょうか。安全衛生は日々の行動を通して高められていくものなのです。

3．過信するべからず

人は「これくらいなら大丈夫だろう」「自分だけは大丈夫」といった、根拠のない自分勝手な判断で守るべきルールを破りがちです。「忙しいから」「慣れた作業だから」と、守るべきルールを犯すというのもよくあることです。安全衛生の基本は、「過信するべからず」「急がば回れ」で、現場の確認を怠らず、機械設備の安全基準や作業手順などの基本的なルールを常にしっかりと守ることなのです。

具体的行動

100％の安全はないと知り、日頃から安全意識の向上を。

no.

64 安全衛生は、まず心がけ

生産現場における事故や災害の90％は、作業をしている人の不注意や不安全な行動が原因しているといわれています。もちろん誰一人、故意にケガをしよう、事故を起こしてやろうなどと考えているわけではありませんが、ちょっとした慣れや油断、「このくらいは」という気の緩みが事故や災害につながりやすいのも確かです。

安全衛生には一人ひとりの心掛けが大切になるのです。

1．慣れと油断は禁物

作業に習熟することはとても大切なことですが、一方で「慣れた頃が一番危ない」ともいわれるように、「慣れ」は気の緩みや注意力不足につながりやすいだけに気をつけたいものです。

新しい作業を始めたばかりの頃は、不慣れからのミスはありますが、適度な緊張感があるだけに気の緩みや注意力不足からの事故や災害は起こりにくいものです。しかし、作業に慣れてくると、ミスは少なくなる一方で、緊張感や集中力が薄れ、決められた基本動作や作業標準をつい省略して事故を招くことがあります。「初心忘れるべからず」ではありませんが、どんなに慣れた作業であっても、守るべき手順やルールは決して省略してはいけないのです。

また、作業に慣れてくると、仕事中につい別なことを考えたり、「今までケガなんかしたことがないから」と油断して、そのことがケガや事故につながることもあるだけに、仕事中は過信することなく、集中して仕事に臨むようにしましょう。

2．健康管理

事故が起きる原因の１つに、肉体や精神の疲労があります。熱があって体調が悪いにもかかわらず無理をして出社して仕事をしていてミスをすることもあれば、ゲームのし過ぎなど連日の寝不足がたたって集中力が途切れることもあります。あるいは、精神的な悩みを抱え、仕事に集中できないこともあります。

こうしたことを防ぐためには日頃から健康的で規則正しい生活を送ることが何より大切ですが、健康面や精神面の不安がある場合は早めに上司に相談をすることも必要になります。また、上司も部下の日頃の様子を見ながら、問題に気づいたなら早めに対処したいものです。

3．ゆとりをもって行動する

時間に余裕がないと、作業を焦り、ルール違反を犯してしまい、その結果事故・災害を招く可能性も高くなります。日頃から気持ちに余裕をもって作業を心がける必要があります。

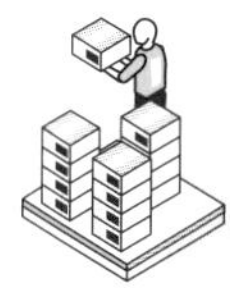

いつも時間に追われ、「遅刻するのでは」「約束の時間に遅れるかも」というギリギリの行動をしていると、仕事以外の場でも事故を起こす原因になります。できるだけ時間的・精神的に余裕をもって行動する習慣をつけましょう。

4．正しい動作を心がける

作業をする時に心がけたいのが正しい動作を心がけることです。作業標準などで決められた動作というのは、たいていの場合、無理なく一番楽にできるものが決められています。にもかかわらず、それを守らないと身体に負担がかかり、ケガの原因になったり、品質不良の原因となりやすいものです。また、蹲踞の姿勢のような無理な姿勢を続けると腰痛の原因ともなります。

作業をする時は「正しい姿勢」を意識するようにしましょう。

具体的行動

安全衛生のために日頃から規則正しい生活を心がけよう。

no.

65 安全衛生と基本的マナー

職場の安全衛生を維持するためには働く一人ひとりの心掛けが大切になりますが、これらを日々の行動として表すのが「あいさつ」や「身だしなみ」になります。

1．安全はあいさつから

「元気よくあいさつをしよう」というと、「小学生じゃあるまいし」と思うかもしれませんが、仕事をするうえで大切な良好な人間関係や円滑なコミュニケーションのためには、みんなが明るく元気な声であいさつをすることがとても効果的です。

ある工場では社員が出社時に使う入口に大きな鏡を置き、そこに「鏡に向かって笑顔であいさつをしましょう」と書いてありました。活気のない職場の特徴の１つはみんながあいさつをせず、笑顔もないことです。こうした職場では社員同士のコミュニケーションも少なくなりますし、何か問題が起きた場合もみんなが集まってその改善のために知恵を出すということもありません。

反対に上司も社員も元気な声であいさつをする、笑顔のある職場はコミュニケーションも活発ですし、困った時や問題が起きた時にも、みんなで協力したり、知恵を出し合うことができます。あいさつの基本は①明るく元気よくあいさつする、②相手の目を見て、笑顔であいさつ、③会釈も忘れずに　—　です。

自分からあいさつをするのは慣れないと恥ずかしいものですが、同時にあいさつは誰でも簡単にできることだけに、まずは率先してあいさつをするように心がけましょう。

2．身だしなみに気をつける

「人は見た目が9割」といわれるように、身だしなみには注意が肝要です。世の中には「自分の個性だから」と服装や身だしなみを気にしない人もいますが、初対面の人に「何だその格好は」と思われると、マイナスからスタートすることになります。中身ももちろん大切ですが、相手に悪印象を与えないためにも身だしなみには気をつけたいものです。

生産現場では決められた服装をすることが多いと思いますが、その際、守るべきは定められた作業服は正しく着用し、帽子やヘルメット、靴なども正しく着用するということです。なかにはズボンをだらしなく着たり、靴のかかとを踏むといった、普段の癖が出る人がいますが、服装規定は働く人たちの「安全」や「衛生」を考えて決められています。こうした規定を守らないことは事故や災害につながるだけに、「自分流」ではなく、「規則通り」を何より大切にしてください。

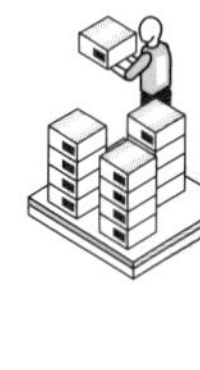

3．話し方・歩き方の基本

人と話をすることに苦手意識を持つ人は少なくありません。まして職場にはさまざまな人がいて、年齢が離れた人もいるだけに、学生時代の友だちと話すようにはいきませんが、あいさつと同じように自分から積極的に明るく元気に話しかけ、そして一生懸命に「聞く」ようにすれば、コミュニケーションは成立します。一生懸命に聞いてくれる人には、人は一生懸命に話をしてくれます。

職場での歩き方にも注意が必要です。安全という観点から見ると、労働災害の原因で多いのが、つまずきや転倒、階段での足の踏み外しです。生産現場には危険も潜んでいるだけに、数メートル先を見据え、周囲にも気を配りながら歩きます。ちょっとした気の緩みが事故につながることもあるだけに正しい姿勢で歩くようにします。

具体的行動

あいさつは人間関係の基本と心得て、率先してあいさつをしよう。

no.

66 事故・災害発生に備えて確認しておくこと

1．危険の芽を知る

事故や災害はいつ起こるかわかりません。「落ちる」「転ぶ」などの事故や災害につながる危険の現象は、「不安全な状態」と「不安全な行動」によって引き起こされます。

これまで大きな労働災害がなかったという職場でも、「落ちる」「転ぶ」「ぶつかる」「頭に当たる」「挟まれる」「巻き込まれる」「下敷きになる」「手を切る」「やけどをする」「感電する」「腰を痛める」「目に異物が入る」といった事故や災害につながる「危険の芽」は、あちこちに潜んでいます。「これまでなかった」は、「これからも大丈夫」を意味するわけではありません。事故や災害にまでは至らなかったものの、「あっ、危ない」という経験は多くの人がしているかもしれません。

大切なのは「これは大丈夫」と安心するのではなく、「危険の芽」はどこにでもあり、その芽がどのようなものかを知ることなのです。まずは現場作業に入る前に、

「今日の業務にはどんな危険があるのか？」

「この手順にはどんな危険があるか？」

「この動作にはどんな危険があるか？」

といったことを十分に理解確認したうえで作業に臨むようにしましょう。

2．正しい作業方法を確認する

作業の中で特に気をつけなければならないのは、何かが変わった時です。

- **作業方法・作業条件が変わった**
- **いつも組んでいる相手が変わった**
- **新製品に変わった**

・材料が変わった
・機械や道具が変わった
・レイアウトが変わった

このようにこれまでの作業のやり方が変わった時は特に注意が必要です。事故や災害を起こさないためには、以下が大切です。

・定められた正しい作業手順・方法で仕事をする
・作業に適した工具、機具を使用する
・安全規則・作業心得をよく読み、遵守する

そしてこれは作業条件が変わった時はもちろんのこと、今やっている作業に慣れてきた時にも同様です。慣れは油断につながり、つい手順を飛ばしたり、正しいやり方とは違うやり方をすることもあり、そういう時には思いがけない事故や災害につながるものです。

慣れないうちはもちろんのこと、慣れた時にも常に「どんな危険があるか」を念頭に「正しいやり方」で作業をするようにしましょう。

3．事故・災害が発生した時に備えて

事故や災害を起こさないように細心の注意を払っていたとしても、100％の安全はありません。あるいは、地震や水害など大きな天災によって事故や災害が引き起こされることも考えられます。

そのような場合にどう行動するかは職場としてあらかじめ決めておかなければなりませんし、日頃から事故や災害への備えをしておく必要があります。地震なども含め小さな事故や災害の時も、大きな時と同じように対処する、その積み重ねが「いざ」という時に役に立つのです。

具体的行動

「この作業にはどんな危険があるのか」を常に考えて行動しよう。

no.

67 正しい装備で危険から身を守る

職場で安全に作業をするためには、作業に適した服装、身なりがあります。動きやすく、事故に巻き込まれる危険性の少ないものを着用することはもちろん、必要に応じて防護用具を身につけます。作業服、安全靴、帽子やヘルメットなどをきちんと身につけることは、身も心も引き締め、働く人の安全と衛生を守ることになります。

働く人を危険から守るには、機械設備等の安全対策が基本になりますが、同時に働く人自身も安全のためのルールをしっかりと守り、自分の体を守ってくれる保護具をきちんと着用することが求められます。慣れてくると、こうした保護具の着用が疎かになったり、つけないままに作業をやろうとする人もいますが、保護具をきちんと身につけることは、自分身はもちろん、一緒に働く人の安全を守り、職場の安全を守ることだという意識を持つことが大切なのです。

主な保護具には以下のようなものがあります。

①頭を守る

職場によっては、労働安全規則で着用が定められた保護帽（安全帽、ヘルメット）をかぶっていないと、頭をぶつけたり、落下物が落ちてケガをすることになります。暑い季節にヘルメットなどを着用すると辛い時もありますが、頭を守るためにもきちんと身につけるようにしましょう。

②手足を守る

職場の作業内容、環境によっては、足先への重量物の落下や釘などの踏み抜き、つまずきや滑り、設備などに手足をぶつけての切傷、溶接火花の飛び散りで火傷をするなど、さまざまな危険が潜んでいます。

実際の職場において、安全靴を履いていてケガをしたという事故は極めて珍しく、普通の靴で作業する危険性を考えれば、安全靴の有効性は明白です。このことからも手足を守るために、安全靴や手袋の着用は欠かせません。

③目を守る

切削・ハツリ作業、解体・粉砕作業、木工・製材作業、塗装作業、化学薬品の取扱作業などで発生する粉塵や飛散物、薬液飛沫などにより目が傷つけられることがあります。

また、溶接作業、金属溶解作業などで出る有害光線によって目に障害を起こしてしまうことがあります。

このような危険から目を守るためにも、作業用途や作業環境、作業条件に合わせて適切な保護メガネを装着しましょう。

④耳を守る

騒音は、難聴などの耳への直接的影響と、騒音がストレスとなって自律神経に影響を与えることがあります。

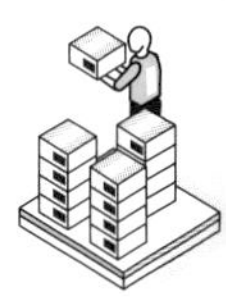

騒音性難聴や身体的影響を受けないためにも、騒音を伴う職場や作業では、防音保護具を付けるようにしましょう。

⑤呼吸器を守る

粉塵を吸入することによって、健康障害の恐れがある場合、呼吸用保護具を装着しなければなりません。呼吸用保護具は正しく装着しなければ効果がないだけに、粉塵作業に合ったものを選び、正しく装着するようにしましょう。

保護具の着用が決められているにもかかわらず、面倒に感じて正しい着用をしないことが起きるのは、「保護具は何のためにつけるのか」を正しく理解していないからです。作業の中にある危険を知り、保護具の効果を知ることで、面倒でも正しく着用できるようになります。保護具は「言われていやいやつける」ものではなく、働く人のためにあるのです。

具体的行動

自分の安全と職場の安全のために保護具を正しく着用しよう。

no.
68 作業標準とルールを守る

ある企業の経営者は業績が未達の社員以上に、ルールを守ることのできない社員を厳しく罰すると話していました。理由はたとえば生産現場の安全や品質というのは、一人ひとりの社員が決められた作業標準をしっかりと守ることで維持されているにもかかわらず、職場の当たり前のルールさえ守れないようでは、その社員に安心して作業を任せることはできない、という考え方からでした。

自動車の運転には交通ルールがあるように、職場の安全衛生を守るためには働く一人ひとりが作業標準を守ることが不可欠です。

職場の事故・災害の発生は、機械の欠陥など安全でない状態（不安全状態）が原因の場合と、作業者のうっかりミスや思い込みで作業するなどといった安全でない行動（不安全行動）が原因の場合とがあります。

特に事故。災害の発生が社員の安全に対する意識によるところが大きいことから、少しでも不安全な行動を取り除くことが重要になります。

不安全な行動を取り除くための安全対策の基本は、決められたこと、すなわち作業標準およびルールを守ることです。

1．作業標準、ルールの整備

作業標準とは、安全・品質・生産性などを保証することを目的に、作業方法と手順、製造条件、使用する機械、工具などを定めて文書化したものです。

作業標準は、個々の作業について、動作そのものを簡単にし、正しい作業方法と順序を決めて、「こうすれば作業の安全が確保される」といった安全に関するルールを明確にし、標準化することが大事です。

2．狙いや理由をしっかり理解して「できる」ように

安全はあくまでも作業標準で定められた正しい作業方法と順序、ルー

ルを守ることによって確保されます。

そしてそのためには作業標準について、働く一人ひとりがしっかりと理解して、かつその通りの作業ができることが大切になります。上司は作業標準を渡して、「この通りにやりなさい」というだけではなく、作業をする人一人ひとりがその中を理解して、「実際にできるし、やっている」ことを目で確認しなければなりません。

何でもそうですが、「教えられた」からといって、みんながその通りにできるわけではありませんし、「知っている」からといって、その通りにできているとは限りません。

作業標準は「なぜこうしなければならないか」を理解して、「できて」こそ安全や品質を守ることができるのです。

3．全員が守ってこそ

作業標準は正しく実行することによって安全や品質を確保できるわけですが、反対にもし一人でも作業標準を守らない人がいれば、その職場の安全は脅かされますし、つくられる製品の品質も保証されなくなってしまいます。「自分一人ぐらい守らなくてもいいだろう」という安易な気持ちが職場の、そして会社の安全や品質を危険にさらすだけに、行動標準などのルールは「みんなで守り」、守らない人には十分な教育を行うことが大切なのです。

4．作業標準やルールは書き換えてこそ役に立つ

作業標準やルールをつくったものの書き換えないでいると、時代に合わなくなったり、使いにくいものがそのまま残ることになります。それでは技術の進歩に対応できなくなりますし、新たなリスクへも対応できません。作業標準は「つくって終わり」ではなく、常に「より良いものに書き換えていく」ようにしましょう。

具体的行動

作業標準はみんなで守り、変化に応じて書き換えていこう。

no.

69 安全と衛生は5Sから（整理と整頓は何のため）

社員の安全は、日々の安全衛生１つひとつの取り組みによって守られます。整理・整頓、標識・表示、指差呼称、報連相も日々の作業で心がけなければならない安全衛生の基本といえます。

なかでもすぐにでも取り掛からなければならないのが「整理と整頓」を初めとした「５Ｓ」です。「５Ｓ」というのは、「整理、整頓、清掃、清潔、しつけ」のことですが、特に整理と整頓が行き届いているかどうかは、働く人たちの安全衛生とも深く関係しますし、生産性の向上という点からもとても大切な取り組みといえます。

1．安全はまず整理と整頓から

不幸にして事故や災害などが起きた時、しばしば指摘されるのが整理と整頓に問題があったというケースです。たとえば、火災が起きたビルなどで非常口や防火扉の前にたくさんのものが置かれていたために逃げることや、火災を防ぐことができなかったというケースがあります。あるいは、消火栓の上にものが置かれていたために、すぐに使うことができなかったというケースもあります。

さらに大きな事故や災害にはつながらなかったものの、通路に乱雑にものが置かれていたためにケガをするとか、コードなどに足を引っかけてケガをすることもよくあります。整理と整頓が行き届かないこと、それは自らケガや事故や災害を招き寄せているのと同じことなのです。

2．生産性の向上も整理と整頓から

生産現場に限ったことではありませんが、日々の仕事の中で「ものを探す」時間はとても多いといわれています。

たとえば、オフィスでの仕事で必要な書類がある時、すぐに見つからず、机の上や引き出しの中、あるいは書類棚を探すのに多くの時間を割くことがあります。同様に生産現場でも仕事に必要な部品や部材が整理整頓されないままに倉庫に積まれていると、必要なものを出すために、手前のものを動かして、奥から引っ張り出し、動かしたものを元に戻すといった「ムダな動き」をすることになります。工具なども整理整頓されていないと、必要なものがどこにあるかわからなかったり、あるいは必要な数が足りないということも起こります。

こうしたケースでは「ものを探す」ことが「仕事の一部」になっているわけですが、生産性という点から考えれば、ものを探すことは何の付加価値も生まない、ただの「ムダ」に過ぎません。反対に整理整頓の行き届いた職場であれば、書類も部品や部材も工具なども必要なものがすぐに見つかり。ものを探す必要はありません。つまり、整理整頓をすることは生産性の向上という点からも欠かせないものなのです。

3．快適な職場をつくる

整理整頓が行き届かず、清掃などもあまりされていない職場は不衛生であると同時に、働く人たちにとって快適な職場とはいえません。こうした職場で働いていると、どうしても気持ちも暗くなりますし、「いいものをつくろう」という気持ちも湧いてきません。人は誰でも整理整頓の行き届いた清潔な職場で働きたいものです。整理整頓や清掃の行き届いた快適な職場は働く人たちの士気を向上させ、いいものをつくろうという前向きな気持ちを引き出します。

このように整理と整頓に代表される５Ｓには多くの効用があります。「自分たちの職場は自分たちで守る」という意識で５Ｓに取り組むようにしましょう

具体的行動

5Sの目的を理解したうえで整理整頓などに取り組もう。

no.

70 安全と衛生は5Sから（整理と整頓の進め方）

5Sにはこのように多くの目的があり、特に生産現場においては不可欠な取り組みといえます。整理と整頓の進め方は以下の通りです。

1．整理の取り組み方

整理というのは、「いるものといらないものを区別して、いらないものを処分する」ことです。そして整頓というのは、整理のあとに残ったものを「必要なものが、必要な時にすぐに取り出せるようにすること」です。つまり、整頓を初めとする５Ｓを進めるための大前提には、いらないものを処分する整理があり、整理することなしに「今あるもの」をいくらきれいに整頓しても、それは本当の５Ｓとはいえません。

安全面だけを考えても、いらないもの（すぐに使わないようなもの）があると、作業場が狭くなり、機械や人と接触するなど、事故になりかねません。

また、機械のまわりや、配電盤、消火器、消火栓などの周囲、出入り口や階段、非常口、防火扉の近くにものを置いていては、非常の場合に災害を大きくすることになります。

さらにものを探すという効率を考えても、いらないものを含めてたくさんのものがある中でものを探すのは大変手間がかかりますし、何よりいらないものを補完するために倉庫の中や工場のスペースを割くほどムダなことはありません。

整理はまず「いるもの」と「いらないもの」を、「今、使っているもの」「いつか使うもの」「ずっと使わないもの」などの時間軸で判断し、使わないものは処分し、必要ではあってもすぐに使わない場所は作業場とは別の場所に移します。なかには「せっかく買ったのに」などと整理に反対する人もいますが、「捨てたら必要になった」ものの確率はとても低いものです。作業場には必要なものだけを残すようにしましょう。

2．整頓の取り組み方

本当に必要なものだけを残したら、次に**「必要なものを、必要な時に、いつでも、すぐ使える状態で、安全に取り出せ、元の場所に容易に戻せる」**ようにものの置き方を考えます。ものをきれいに並べることはただの「整列」であり、**上記の条件がすべて揃うのが本当の「整頓」**です。
「すぐ使える状態」とは、錆びない、汚れがない、欠損がない、変形していない、傷がない、摩耗していない、機能が劣化していない状態のことで、安全な作業をするために重要なことです。

整頓は、作業で必要なものの使い方、使われ方を考慮した置き場（棚、ボード、台車など）を決め、次に安全性、取り出しやすさ、対象物の保護から効果的な置き方（汚れない工夫、清掃しやすい工夫を含め）を決定します。

安全を考えた正しい置き方、積み方という点では以下に留意します。

- 形の揃ったものは揃えて積む
- すぐ使う予定のものは、下積みしない
- 重いものから軽いものへ、大きいものから小さいものへ積み重ねる
- 段積みの制限を決める
- 長いものは横に寝かせて積む
- すわりの悪いものはねかせる。立てかける時はバンドなどで固定
- 転がるものには必ずストッパーを
- 壊れやすいものは別の所に積む

「整頓」でもう１つ大切なのが**「何がどこにあるかが誰にでもわかる」**ことです。「○○さんに聞けばわかる」ではなく、「誰にでもわかる」が本当の「整頓」です。

具体的行動

いらないものを処分して、誰にでもわかる安全な整頓を。

no.

71 安全と衛生は5Sから（清掃、清潔、しつけ）

1．清掃の取り組み方

清掃は「ゴミなし、汚れなし、そして衛生的な状態にしておく」ことです。機械は安全に不安がなく、作業に支障がないのが通常です。そのために、清掃を徹底します。床や壁はもとより、機械設備、治具工具、棚、キャビネットなど職場にあるものすべてをきれいにします。その際、機械設備の清掃で必要なのが「点検清掃」です。「機械は壊れるのではなく、壊すことの方が多い」というように、「清掃＝点検」を頭に入れておきます。

清掃をしながら「ちょっと変だな」と感じたところを発見して早期に修理することがポイントになります。機械の整備は保全の人に任せればいいというものではなく、点検清掃の結果、何らかの不具合や異常を見つけた場合は、すぐに保全にかかります。油を差すといったその場でできるものはその場で処置し、そうでないものは保全にすぐに連絡をします。同様に清掃しながら気づいたことはすぐに処置します。通路や作業場の床面に凸凹があれば修理を依頼します。

加えて普段から、ゴミが落ちていればすぐに拾う、洗浄液や油などがこぼれたらすぐに拭くようにして、**普段から清掃の行き届いた職場を自分たちの手で守る**ようにします。

2．清潔の取り組み方

職場環境は、ちょっと手を抜くしすぐに元に戻ってしまいます。

清潔というのは、「整理、整頓、清掃された状態を維持し、明るく働きやすい職場環境をつくる」ことです。

どれだけいらないものを捨てて、必要なものだけを整頓したとしても、いつの間にかものが増えて、整理したはずの空いたスペースに大量のものが積まれるようになってしまうと、「もう一度整理をしようか」と再び同じ作業を繰り返すことになります。

これでは時間のムダ、お金のムダになるだけに、清潔はこのようなくり返しがないようにするために行います。方法は2つあります。

1つ目は、ムダなものが少しでも増えたと思ったら、すぐに整理するなど、日常業務の中で整理・整頓・清掃をすることです。忙しいとつい「あとでやろう」「まとめてやろう」となりがちですが、それでは負担が大きくなってしまいます。それよりも少しでも物が増えたらすぐに整理整頓をするといった、「気づいたら即実行」を心がけることが大切になります。

2つ目は、「なぜ知らないうちにものが増えるのか？」「なぜたくさんのゴミが出るのか？」といったことの「原因」を調べて、「元を断つ改善」を行うことです。たとえば、部品などを購入する際の過剰包装はゴミが増える原因となるだけに、こうした「元の原因」を改善することで処理すべきゴミが減ることになります。

整理・整頓・清掃された状態を維持するためにも、この2つの方法を実践するようにします。

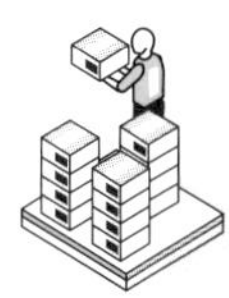

3．しつけの取り組み方

しつけとは、「整理・整頓・清掃・清潔の状態や、職場のルールを守り継続する習慣をつける」ことです。良い製品をつくるためには作業標準を守ることが大切になりますが、職場の安全や衛生を守るためには、整頓で決めたルールを守り、ゴミや汚れなど気づいたらすぐにきれいにすることが必要です。安全や衛生は働く一人ひとりの日々の行動と習慣で決まります。守り続けることを自ら実践していきましょう。

具体的行動

整理・整頓・清掃・清潔の状態を一人ひとりがしっかり維持しよう。

no.
72 日々の安全衛生のために（標識・表示）

日々の安全衛生のためには正しい知識と、決められたルールなどをきちんと守ることが大切になります。

1．標識・表示に従う

作業内容や職場環境が同じような職場でも、事故が多発する職場と発生しない職場があります。さまざまな要因が挙げられますが、総体的に事故が発生しない職場は安全意識が高いといわれます。

安全意識の高さは、安全や衛生に関する標識・表示が職場の適切な場所や設備に掲示され、また掲示されている標識や表示が汚れていないことでうかがうことができます。

安全衛生に関する標識・表示は、危険に陥ることを防ぐための「安全の道しるべ」です。標識・表示に従った行動を心がけてください。

標識の種類	目的
防火標識［赤］	引火または発火しやすい危険物の置いてある場所および消火・防火の設備を示すもの
禁止標識［赤］	危険な行動を禁止するもの
危険標識［黄赤］	直接に危険なものおよび場所または状態に対して警告するもの
注意標識［黄］	そのままでは、特に危険はないが、不安全な行い、または不注意によって危険が起こるおそれがあることに注意を促すもの
救護標識［緑］	救命、救護に関係があるものまたはそれらの箇所を示すもの
指示・用心標識［青］	作業に関する指示または修理・故障を表示するもの
放射能標識［赤紫］	放射能の危険のおそれがあるものまたはそれらの箇所を示すもの
誘導標識 ［白、緑または黒の矢印］	特定の物品・設備の所在場所の方向および避難の方向を明示するもの
指導標識［緑］	安全・衛生の意識を高揚するもの

2．十分な知識とルールを守る姿勢

爆発や中毒といった事故や災害が発生する原因の1つとして、職場で取り扱う化学物質の危険性や有害性、適切な取り扱い方法などを十分に理解していなかったということが挙げられます。

爆発や中毒といった事故や災害が発生する時、たいていの場合、法律や会社が決めたルールを守らない、ルール違反が原因のことがよくありますが、ルール違反には3つのパターンがあります。

1つ目は、**ルールについての知識や理解不足**です。職場で取り扱う化学物質の危険性や有害性、適切な取り扱い方法などの知識が不足していたり、正確に理解していないことが原因でルール違反につながり、結果として事故・災害が発生します。

2つ目は、**知識はあり、理解はしているものの、ルールを故意に守らないケース**です。原因としてはルールが現場の実情に合っていないこともあれば、時間や人手不足によりルールを守れないこともあります。あるいは、作業者本人が故意にルールを守らないというケースもあります。

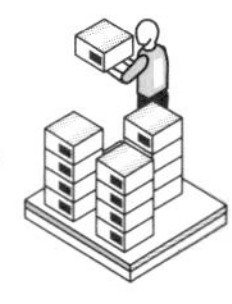

そして3つ目は、**組織風土に起因するもの**で、「周りの人も守っていないし、守らなくても注意されない」ので、いつの間にかルール無視が当たり前になるケースです。

このようにルール違反にはいくつかの原因があり、なかには組織全体の問題として取り組むべきものもありますが、基本になるのは①一人ひとりが職場で取り扱う化学物質の危険性や有害性、適切な取り扱い方法などを十分な知識を持ち理解すること、②一人ひとりがルールを守り、決められた作業手順を順守する　―　という姿勢です。

職場の安全衛生を守るために大切なのは、「正しく知る」ことと、「正しく実行する」ことを、「一人ひとりが守る」ことなのです。

具体的行動

一人ひとりが標識などを正しく知り、正しく実行しよう。

no.

73 日々の安全衛生のために（指差呼称、報連相）

1．指差呼称

指差呼称とは、作業を安全にミスなく進めるため、作業の要所要所で確認すべき対象をしっかり見つめ、腕を伸ばして指を指し、声を出して安全を確認する方法です。

指差呼称は適度の緊張感を持ち、正しい姿勢でキビキビと行うことが大切です。この時、大声を出すことを嫌がって「指差し確認」だけに留めたり、腕や指の動作を怠ったりすると効果が落ちることから、確実な動作が必要です。

また、必要以上に大声を出す必要はありませんが、恥ずかしがらず、大きな声で以下のような業務について意識し、確認を行いましょう。

①これまで事故や災害や重大なミスがあった業務 ②手順を間違えた場合に重大な事故・災害に結びつきそうな業務 ③業務が複雑あるいは、類似内容で間違いやすい業務　など
①人の確認　—　位置、姿勢、服装など ②ものの確認　—　計器類、操作機器（電動リフトなど）、標識など

指差呼称項目が決まったら、どこでどんな内容でやるかを具体的に決め、全員が同じ動作で行えるように練習します。

2．報連相

報連相とは、職場における「報告」「連絡」「相談」を徹底することによって、組織の中で必要な情報がきちんと流れるようにしようというコミュニケーション手段のことをいいます。

職場におけるコミュニケーションには「正確さ」と「タイミング」が求められますが、時には言葉での伝達が「伝言ゲーム」のようになって正確さを欠くこともあれば、「必要な時に、必要な情報」が伝わらないこともあります。

これでは上司は正確な判断ができませんし、指示が正しく伝わらず、誤って伝わるようなことがあると、その伝達ミスや伝達の遅れがきっかけとなって、大きな事故や災害につながることもあります。

そうしたことを防ぐために「報連相」はあるわけですが、仕事を円滑に進めるために次の重要な役割があります。

①指示・命令されたことについて進行状況、問題点、結果を知らせる
②業務に必要な情報が集約され、業務の流れを円滑にする
③「報連相」により、作業の方向性の確認、さらに効率的に作業を進めることへのアドバイス・指示・命令が得られる

「報連相」のタイミングは以下の通りです。

①指示された仕事が終了した時
②長期の仕事の進行状況の中間報告
③仕事の進め方に変更が必要な時
④どちらを選ぶかといった判断のＹ字路に差し掛かった時
⑤新しい情報を入手した時
⑥仕事に対する新しい改善方法を見つけた時
⑦ミスをした時

報連相で大切なのは「事実を正確に素早く伝える」ことです。報連相の遅れは、時に「事を大きくする」だけにきちんと実行しましょう。

具体的行動

報連相の徹底で事故や災害の発生を未然に防ごう。

no.

74 機械設備による事故・災害防止

職場での事故・災害で、最も大きな要因として機械設備があります。**「機械は故障するし、人は誤りを犯す」**ことからすれば、基本的に機械側で安全を確保しなければなりませんが、人が誤りを犯さないように機械設備の使用方法や安全対策について正しく理解しなければなりません。

機械が原因での事故の種類は、①接触・激突、②はさまれ・巻き込まれ、③加工物・切削屑の飛来　―　などがあります。しかし、これらのほとんどは、正しい知識や使用方法、十分な注意で防ぐことができます。

機械設備作業を安全に行うための基本は以下の通りです。

①作業前には、機械設備を作動させ、点検・確認をしておくこと

十分に整備された機械設備を使用することが安全の基本です。

②適正な服装と身だしなみであるか確認すること

作業者が着用する制服は正しく着ることで作業のやりやすさだけでなく、安全も確保できるようになっていますが、時にルール通りに着用しなかったり、寒いからと防寒着などを着て作業する人がいると、機械設備に服が巻き込まれる恐れがあります。

③機械設備の使用は、指導を受けた使用法以外は絶対にしないこと

④機械設備の調整（定規の位置・刃の高さ・切り込み量など）は安全に十分配慮して行うこと

⑤機械設備の電源スイッチを入れる前に、正常に作動するかどうか、点検を行って使用すること

⑥わき見や他人と話しながらの機械操作をしないこと

慣れてくるとつい機械の「ながら操作」をすることがありますが、集中力を切らすことは自分の安全を危険にさらすことなのです。

⑦自分のみならず、他人の安全にも気を配ること

車両系機械の通行経路には入らないようにしなければなりませんが、運転する人も機械の死角に十分注意し、状況に応じて誘導者を配置し、合図をしてもらうようにしましょう。

⑧機械設備の異常音や異常を感じたら、すぐに関係者に連絡すること

異常を感じたとしても「このくらいはいいか」とそのまま動かす人がいますが、安全のためには「異常があれば機械を止める」が原則といえます。

⑨機械設備の電源スイッチを切り、刃物などの回転が完全に停止するのを目視で確認するまで、次の動作に移らないこと

ドリルの交換などを行う時、「完全に停止する」という原則を守らず、はずみでドリルが動くことがあります。一般家庭でもそうですが、機械の清掃や作業をする時は面倒でも電源を切ることや、運転を完全に停止させることは安全の基本なのです。

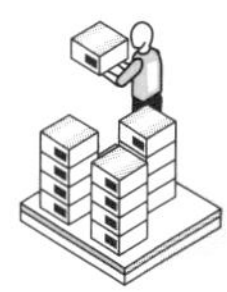

日頃の作業ではさまざまな機械設備を使用します。そのタイプも最新鋭のものもあれば、旧式のものもあり、機械設備そのものの安全対策も異なります。本来なら機械設備に「危険があれば止まる」「異常があれば止まる」という安全対策が施してあればいいのですが、もしこうした対策が不備であれば、自分たちのできる範囲で改善することです。

いずれにしても使用する機械設備のことをよく知り、安全に作業するためにはどのようにしたら良いかを自分自身で学び確認しておくことです。そして、もしも故障や異常を感じたら、すぐに作業をやめ、安全を十分に確認してから操作するようにしましょう。

さらにスイッチなど使い勝手が悪いものに関しては**「慣れる」のではなく、すぐに改善**しましょう。

具体的行動

機械設備は「基本に忠実に」が安全の基本と認識しよう。

no.

75 運搬機による事故・災害防止

職場では、荷受け、移動・運送、出庫など運搬作業も多く、クレーンやフォークリフトなど運搬機がらみの事故・災害も多く発生しています。

運搬機は、職場を縦横無尽に走り回っていますし、運搬品は重量物が多いということでさまざまな危険が潜んでいます。

運搬機を使った作業を行う場合、またその周辺で作業をする際には十分に気をつけなくてはなりません。

運搬機や運搬作業が原因での事故の種類は、①墜落・転落、②はさまれ・巻き込まれ、③荷の倒壊・崩落・落下、④衝突・激突　—　などがあります。このような作業においては、共同作業をしていることが多いので、連絡や合図が安全の鍵となります。

運搬や運送作業を安全に行うための基本は以下の通りです。

①運搬機は用途に合ったものを使うこと

運搬機はいくつもの種類がありますが、それぞれに適した用途があります。運搬機は、それぞれの用途以外で使わないようにしましょう。

②吊り具や荷物の固定バンドなどは正しい使い方をすること。吊り具などは定期的に点検・確認しておくこと

資材をクレーンで荷上げしていたところ、ロープが老朽化していたため、重さに耐えきれず、切断して、資材が落下するということがあります。クレーンで使用する玉掛け用具は安全係数を考慮した丈夫なものを使い、作業開始前に老朽化していないか、傷がついていないかなどを点検するようにしましょう。

③運転中は前後左右に気をつけること

運搬機を運転する時は、車の運転と同様に前後左右に気をつけましょう。常に周囲の状況を確認しながら車両を移動させることが重要で、仮に運転経験が少ない場合は、誘導員を配置して、誘導してもいましょう。もちろん車両である以上、スピードの出し過ぎにも注意し、荒っぽい運転をしないようにしましょう。人を避けるために鉄柱などにぶつかったり、反対に障害物を避けようとして人にぶつかることもあるだけに、最新の注意を。また、作業をしている人も動いている運搬車両には近づきすぎないようにしましょう。

④クレーン等で荷を吊り上げている時は、原則、荷の下に入らないこと

荷を吊り上げる時には細心の注意を払ったとしても、万が一も考えられます。クレーン作業中は原則吊り荷の下に入らないように。

⑤車両を使ってものを運ぶときは、荷崩れしないような積み方をすること。必要ならしっかりと固定すること

荷の崩壊や落下は大きな事故につながります。短い距離だからなどと油断することなく、荷崩れしないようにきちんとした積み方をして、場合によってはしっかりと固定するようにしましょう。

職場での運搬機関係の事故は、機械設備と同じくらい多く発生しています。運搬機は工場の中を移動しているため、うっかりしていると事故に巻き込まれるケースもあります。

また、運搬機にからむ作業（荷積み、荷下ろし）でも事故は絶えません。運搬機を使った作業では視野を広く、他の従業員と連携し、十分に注意することが大事です。

運搬機を運転する人は常に前後左右に気をつけながら、人に優しい運転を心がけましょう。そして作業をしている人も工場内の道路の横断など、指差呼称などをしながら常に安全を意識して行動しましょう。

具体的行動

運搬車を運転する人も作業をする人も常に安全を意識して行動しよう。

no. 76 器具・工具による事故・災害防止

職場で使う器具・工具はさまざまなものがあります。

特に電気機械器具は接触または接近することによって感電の恐れがあります。

器具・工具が原因での事故の種類は、①感電、②反動、③破損品の飛来 — などがあります。器具・工具くらいで事故なんて起きないと油断することなく、十分に注意しましょう。

器具・工具を安全に行うための基本は以下の通りです。

①器具・工具は丁寧に扱うこと

②欠けたり緩んだりした不良品は修理不能であれば、使わずに廃棄しよう

③工具は常時整理・整頓して保管すること

④電動工具のコンセントへのプラグ差し込みは、スイッチが切れているかを確認して行うこと

家庭で使う電気製品など、コンセントにプラグを差し込んだ途端にスイッチが入り驚くことがありますが、電動工具などでは確実にスイッチを切ってからプラグを抜くこと、プラグをコンセントに差し込む時はスイッチが切れていることをしっかり確認しましょう。

⑤器具・工具は、作業に適したものを使用すること

⑥電動工具は、雨中で使用したり、湿った、または濡れた場所で使用しない

屋外での作業などでは降雨や雷の発生などの環境変化に配慮した作業が必要になります。「すぐに終わるから」などと作業着が濡れるのも構わず作業を続けてしまうと、感電する恐れがあります。

⑦電動工具は、持ち手は常に乾かしてきれいな状態に保ち、油やグリースがつかないようにする

⑧電動工具は、十分明るい環境で使用する

⑨電動工具は、可燃性の液体やガスのあるところで使用しない

⑩電動工具は、体を暖房器具や電子レンジなどアースされているものに接触させない

⑪加工するものをしっかりと固定して、できるだけ両手で器具・工具を使用する

⑫常に足元をしっかりさせ、バランスを保つようにして、決して無理な姿勢で作業しない

器具・工具を使う時は不安定な状態ではなく、「正しい姿勢」で使うようにしましょう。

⑬器具・工具を使用する場合は、取扱い方法、作業の仕方、周りの状況など十分注意して慎重に作業する

器具・工具に限りませんが、作業をする時には常に前後左右に気をつけるようにしましょう。

⑭器具・工具を使う場合、必要に応じて安全靴や保護メガネなど保護具を適宜使用する

作業には正しい装備とともに、飛散防止の覆いなども利用しましょう。

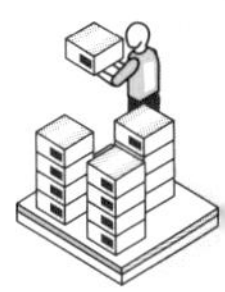

器具・工具は機械設備と違って簡単に取り扱えることから、つい安全に対する意識がおろそかになりがちです。しかし、簡単に扱えるからといって、そこに危険がないということはありません。器具・工具に関しても、基本を守って、取扱説明書などの注意事項を確認して取り扱うようにしましょう。

具体的行動

簡単に扱える器具工具だからこそ安全に使用しよう。

no. 77 墜落・転落、転倒による事故・災害防止

墜落・転落は、高所や急こう配なところから落ちること、転倒は平たんなところで転ぶことをいいます。

こうした危険は日常でも十分に起きることだけに、墜落・転落、転倒といった災害要因は、職場のいたるところにあるといっても過言ではありません。特に墜落・転落事故は、ひとたび起きると骨折など重大災害や死亡に至る可能性もあるだけに、適切な安全対策が求められます。

労働安全衛生規則では、作業する床面の高さが2メートル以上を高所作業と定め、行動規制が設けられています。

足場、階段、脚立、踏み台などからの墜落・転落、障害物へのつまずきや濡れた床面で足を滑らせての転倒など、まずはこのような事故にあわないためにも十分な注意が必要となります。

職場には墜落・転落の発生個所が多くあります。

主に脚立・はしご、踏み台、可搬式作業台、階段、開口部・ピット(竪穴)、足場が該当しますが、こうした場所から墜落・転落すれば打ち所が悪いと致命的な災害になることは明白です。

また、高低差のある階段や通路などで発生するつまずき、滑り、バランスの崩れ、踏み外し、ぶつかりなどにより、ほぼ同一平面で転んでケガをすることもあります。

このような災害を防ぐためには、職場としての安全対策や注意喚起はもちろんのこと、**「自分の身は自分で守る」**といった意識と行動が強く求められます。

墜落・転落、転倒を防ぐためのポイントは以下の通りです。

①脚立・はしご、踏み台などを不安定な状態で使用しない

脚立の上方は固定、下方は他の作業者などが支えるなど、脚立

が動かないようにしましょう。また、荷物を持って上り下りしない、脚立から乗り出して作業をしないなど細心の注意を払いましょう。

②囲い、柵、蓋などは勝手に取り外さない

③高所への移動は、できるだけ両手を空け、ものを持って昇降しない

④高所での作業では、安全な足場を確保する

⑤安全帯、ヘルメットを着用し、作業性の良い滑らない靴を着用する

高所作業では安全ベルトなどを装着するようにしましょう。ヘルメットなども着用して、墜落や転落のリスクを少しでも小さくするようにしましょう。

⑥高所では身を乗り出したり、手すりに腰を掛けない

⑦高所での作業ではできるだけ背を外に向けない

⑧道路や作業床に油類や水をこぼした時は、すみやかに拭きとる

職場の清潔を維持する基本は、ゴミを見つけたら拾う、汚れたらすぐに拭きとることです。油や水をこぼしたにもかかわらず、「あとでやろう」と後回しにすると、汚れの元になりますし、誰かが滑るリスクにもつながります。気づいたに「すぐに」実行しましょう。

⑨移動経路にものを置かない

通路や床にものが置かれていたり、あるいはコードなどが散乱していると、足に引っかかって転倒したり、ぶつかってケガをする原因となります。自分の移動経路に限らず、工場の中は常に整理と整頓に努め、安全な作業、安心な移動ができるようにしましょう。

⑩作業場所へ向かう時は、正規の道路や昇降設備を通る

いくら急いでいても工場内（特に階段やデッキ）では走らないようにしましょう。階段の上り下りの時は、手すりを持って、一段ずつというのが基本中の基本です。

基本的行動

「自分の安全は自分で守る」という意識で行動しよう。

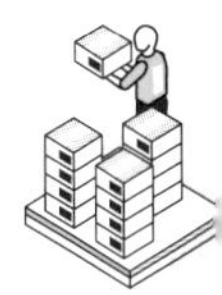

no.

78 高温・低温物、有害物による事故・災害防止

かつて「3K（危険・きつい・汚い）」といわれた厳しい作業環境・労働環境は徐々に改善されつつありますが、それでも屋外での作業や、エアコンが設置できない職場などでは、夏場の高温時には熱中症の危険が相変わらず付きまとっています。

あるいは、低温の環境下での作業を余儀なくされる職場もあります。このような職場では、高温や低温の物との接触、有害環境下で有害物の影響を受けるといったことが心配されます。それだけに健康・安全を配慮する観点から適切な対策が求められます。

こうした職場では、高温となった金属、湯、水蒸気などに接触する危険性や、直接高温物に接触することがなくても、炉前作業、夏場の屋外作業などの高温環境下で熱中症をおこす場合があります。また、食品などでは冷凍庫内など低温の環境下にさらされ、危険な状況に置かれる場合もあります。

一方、放射線による被ばく、有害光線による障害、一酸化炭素中毒、酸素欠乏症ならびに高気圧、低気圧当有害環境下などにさらされる場合もあります。

厳しい労働環境・作業内容で、健康や安全を阻害されることなく作業を行うためにも十分な注意が必要です。

高温・低温物、有害物による事故や災害を防止するためには以下のようなポイントが基本になります。

①高温、多湿の環境においては、水分および塩分の補給を十分に行うこと

熱中症は適切な予防をすれば防ぐことができますし、熱中症にかかった場合も適切な応急処置により大事に至るのを防ぐこともできます。本人に自覚症状があるかどうかに関わらず、水分や塩分をこまめ

に摂取し、休憩を多めにはさんで長時間作業を続けないようにします。

②高温、多湿の環境においては、作業は連続して行わず、適度な休憩時間を取ること

高温・多湿の環境では、作業時間をなるべく短くするとか、スポットクーラーを設置する、冷房服を着用するなど、働く人の健康への影響を軽減するようにしましょう。

③溶接作業では換気を行うとともに、呼吸用防護具を使用すること

作業にあたっては十分な換気と適切な保護具に加え、酸素欠乏作業箇所での作業は必ず有資格者が現場の指揮にあたるようにしましょう。

④溶接・熱切断などでは適正な遮光保護具を使用すること

⑤過熱された金属は素手で触らないこと

⑥スパッタ、スラグの飛散などによる火傷から顔面、手、足などを防護するため、保護面、皮手袋、前掛け、脚・腕カバーなどを着用すること

⑦清掃・点検作業時などに高温となる部分（蒸気・高温水配管など）に触れないこと

清掃・点検にあたっては、周辺に高温水配管などがないかを確認してからにしましょう。また、手袋を使用し、手の甲側で熱さを確認したうえで作業を行います。

厳しい環境での作業は、体力的にも精神的にも非常に大きな負担がかかります。このような現場での事故や災害は、作業者に無理をさせたり、あるいは作業自体の危険性への理解不足から起きることがよくあります。

十分な知識と、責任ある指揮、そして働く人たち自身の体調や体力にもしっかりと配慮することが大切になります。

具体的行動

厳しい環境下での仕事には環境整備と十分な知識、責任ある指揮指導を。

no. 79 動作の反動、無理な動作による事故・災害防止

重量物取扱い作業における腰痛は、業務上疾病全体に占める割合の中でも依然として高いのが現状です。

職場ではさまざまな重量物を取り扱うことが多いため、重い物を持ち上げる時の無理な動作、不自然な姿勢、動作の反動などによって、腰痛や捻挫を引き起こすことがあります。また、重い物を運んでいる時など、バランスを崩して墜落・転落、転倒といった重大な災害につながることもあります。

また、腰痛以外にも、単純作業を繰り返し、同じ作業を続けていると、腱鞘炎など上肢（腕や手指）障害を発症する恐れがあります。

このような災害を防止するためには、急激な動作や不自然な姿勢での作業を避けるなど、重量物の取り扱い方に注意するほか、作業スペースの確保により足や腰などへの負担軽減を図る必要があります。また、上肢などに負担のかかる作業に関しては、勤務時間や作業編成の見直し、適度の休憩を入れるなど無理をしないことが大切になります。

動作の反動、無理な動作による事故・災害を防止するためには以下のポイントがあります。

①できるだけ身体を対象物に近づけ、身体の重心を低くする
②重量物の積み下ろし作業では、できるだけ対象物を肩より上で取り扱わない
③床面などから重量物を持ち上げる場合。片足を少し前に出し、膝を曲げ、腰を十分に降ろして対象物を持ち、膝をゆっくり伸ばしながら立ち上がる
④腰をかがめて行う作業をなくすため、適切な作業台などを使用する

⑤重量物を持ち上げる時は、呼吸を整え、お腹に力を入れて行う
⑥腰に負担のかかる動作を行うにあたっては、姿勢を整え、かつ急激な動作を避ける
⑦頸部や腰部の不意なひねりを可能な限り避け、動作時には、視線も動作に合わせて移動させる
⑧長時間の作業、連続作業にならないように適度に腰、上肢を休ませる
⑨手指の負担を軽減するために、治具工具など握るところを持ちやすくする
⑩重量物の移動で運搬具があれば運搬具を使う

このようにさまざまな注意事項があるわけですが、こうした作業は作業者本人が気をつけるだけでなく、職場として負担を軽減する工夫も必要になります。

近年、労働者の高年齢化により、高齢者が被災する労働災害も増えています。あるいは、女性が活躍する場も増えているだけに、かつての「若い力のある男性」主体の仕事のやり方から、「高齢者や女性、力のない人」でも無理なく作業できる環境づくりが必要になっています。

たとえば、力のない人でも作業ができる運搬具の工夫や、目や耳の機能が衰えた高齢者のためには、「明るく静かな環境」での作業が大切になります。こうした考え方が「人に優しく、人に易しい」です。難しい作業はより易しいものに改善し、「力が必要、暗い、うるさい」環境は「力がいらない、明るい、静かな」環境に改善することで、誰もが負担なく働くことができるようになります。

こうした環境づくりをすることで事故や災害の確率も小さくなり、安全も確保できるようになるのです。

具体的行動

身体に負担のかかる作業は「人に優しく、人に易しい」に改善しよう。

no.

80 非定常作業時の事故・災害防止

職場における事故・災害防止のためには、決められたことを決められた順番で正しい姿勢でやることが大切になります。こうした通常の作業（定常作業）の中にももちろん事故や災害の危険はあるわけですが、それとは別に非定常作業時の事故や災害も少なくないだけにここでの注意が肝要になります。非定常作業とは、清掃、修理、保守・点検などで日常的に反復・継続して行われることが少ない作業のことをいいます。

このような非定常作業は、定常作業と違って経験も少なく、慣れていないうえに、安全対策もおろそかになることが多く、設備・管理面などの検討や、作業標準の整備、十分な作業時間の確保などが必要になります。

非定常作業は大きく分けて２つあります。

①定期的作業
　計画的に行うもので定期点検、作業終了後の清掃など
②突発的作業
　機械の故障、停電・災害時など

このような作業は通常の作業と異なり、作業頻度は少ないのですが、作業項目が多岐に渡っており、作業に未習熟だったりして、どうしても事故・災害の発生の確率が高くなるため、細心の注意が求められます。非定常作業時の事故・災害を防ぐための基本は以下の通りです。

①あらかじめ作業の段取りを整えるなど、できるだけ事前準備を周到にしておく
②電源などの動力源を確実に遮断するとともに、施錠、札かけなど誤操作を防止する処置を講ずる

③作業の種類に応じ、呼吸用保護具、保護手袋、保護衣、保護メガネなどの保護具を準備する
④単独で実施することができる作業を限定するとともに、各個人の判断による単独作業を実施させない
⑤単独作業を実施させる場合は、必要に応じ、作業者との間で随時連絡がとれるように通信機器を携帯させる
⑥火気使用作業では作業箇所の可燃性ガスの濃度を測定する、また火気または点火源となる恐れのある機械は持ち込まない
⑦タンクなどの入槽作業では、危険物、有害物などの確実な排出と漏洩がないようにする、また槽前に有害ガスの濃度を測定し、安全を確認する
⑧槽内は常時換気を行い、保護具、救急用具も使用できる状態にしておく

安全衛生すべてに共通することですが、これからやる作業にはどんな危険があるのか、問題が起きた時にはどう対処すればいいのかについて十分な知識を持ち、対策をとることが大切になります。

ある企業の生産現場では大きな地震や停電といった事態に冷静に対処するために、普段の小さな地震や停電の時にも大きなものの時と同じやり方をしていました。小さな地震だとたいていの場合、「たいしたことはなかったね」とすぐに元の作業に戻りがちですが、そんな時にも、あえて時間をかけて大きな地震が起きた時と同じように行動します。それが訓練になり、「いざ」という時の備えになるという考えからです。

非定常作業においてもやはり日頃からの訓練や備えが安全や衛生を守る基本なのです。

具体的行動

非定常作業は不慣れだからこそ事前の周到な準備や備えを行おう。

第6章

安全衛生の基本 その2

―安全衛生の継続―

no.

81 目に見えない危険をなくそう（ガス、粉じんなど）

1．ガス・粉じんの危険をなくそう

可燃性のガス（エタノールなどアルコール類の蒸気、メタンなど燃料ガス、水素など）や粉じん（紙粉、木粉、マグネシウムなどの金属粉など）は目に見えず、また臭いも感じ取れないことが多いため、気づかないうちに身の回りに潜んでいたり、周囲を取り囲んでいきます。可燃性ガスや粉じんの存在に気づかずにライターなどを使用してしまうと、一瞬のうちに爆発や火災が発生して大事故になります。

ガス・粉じんによる爆発は、①可燃性のガスや粉じん、②空気、③火元 ― の３つが一定の比率で存在した時に発生します。反対にこの３つのうち１つでも揃わなければ、爆発を起こす可能性は著しく低くなります。作業の際には、以下のことを確認し、安全を確保したうえで作業を行うようにしましょう。

①容器や室内に可燃性ガスや粉じんがたまっていないこと
②点火してしまいそうな距離に火元がないこと

それでも万が一、爆発による事故が発生してしまった場合は、以下のような対応を取ることが被害の拡大を防ぐことにつながります。

①火の手や爆風の届かないところまで避難する
②上長などに報告し、状況を伝え、指示を仰ぐ。仲間との連携　など

爆発は発生から広がりまでごくわずかな時間で起こります。同時に、爆風による衝撃も発生します。そのため、ガス爆発や粉じん爆発が発生した場合、速やかに防火性、耐火性のある場所にまで避難することです。

2．有機溶剤、有毒化学物質、有毒ガスの危険をなくそう

有機溶剤（エタノール、メタノール、シンナー、トルエンなど）や有毒化学物質、毒性ガス（一酸化炭素、塩素、アンモニアなど）はさまざまな状態や性状を持つため、毒性がわかりにくい特徴があります。気づかずに吸引したり、皮膚へ付着してしまうと、浸透し、中毒を発症する危険性があります。

有機溶剤の蒸気や有毒化学物質、有毒ガスの中には無色で目に見えず、また、においも感じ取れないものが存在します。気づかないうちに吸引してしまうと、めまいや吐き気などの症状を引き起こしてしまうことがあります。また、症状がすぐに出るものもあれば、時間の経過とともに徐々に表れてくるものもあるため、異常が出た時には既に手遅れとなってしまう恐れもあります。

事故を未然に防ぐためには、自分が取り扱っている有機溶剤や毒性ガスについて、容器などに記載されている注意事項などを読み、使用にあたっての注意事項、危険性などを正しく理解しておくことが必要です。

法令では、有害にものを事業者間で提供したりする場合は、化学物質や化学物質が含まれる原材料などを取り扱うために必要な情報を記載した文書（化学物質安全性データシート）を提供することが義務付けられています。

この文書は、専門的な情報はもちろんのこと、応急処置についての情報も含まれています。

危険性を正しく理解したうえで、作業によっては気密性の高い作業着や防毒マスクを着用し、化学物質が身体に直接触れないようにして作業を行いましょう。

また、有機溶剤などを保管する場合は、容器の栓・蓋をしっかりと閉めて密封し、指定されている保管場所に保管しましょう。

具体的行動

危険性への正しい知識を持ち、正しく作業しよう。

no.

82 熱中症の危険をなくそう

毎年夏になると、熱中症になる人が多発します。対応が遅れると、場合によっては死に至る危険もあるだけに、正しい知識と、予防対策が必要です。

熱中症は、作業や運動などで生じた熱が体外に放出されず、体内にたまることで体温の調節機能が十分に機能しなくなる障害です。

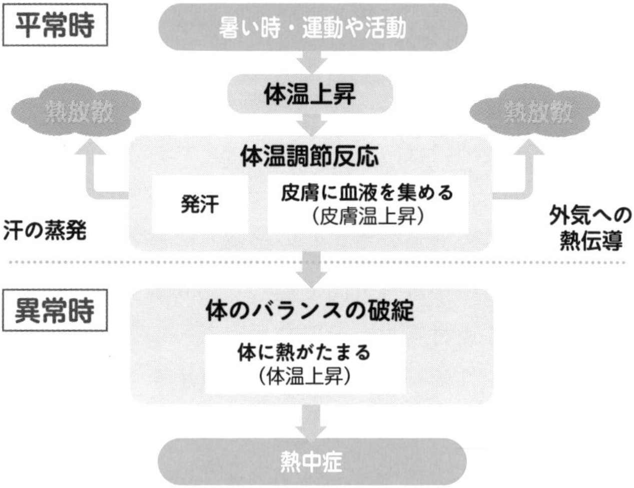

熱中症は、症状に応じて３つの段階があります。もし熱中症を疑う症状が出たら、症状（重症度）に応じた処置を行う必要があります。

目まいがする、大量に汗をかいているなど、熱中症を疑われる人がいれば、涼しい場所で休ませ、身体を冷やし、水分・塩分を摂取させてください。

また、「意識がない」などの意識障害の疑いがある場合は、重症となっている可能性が高く、一刻も早く医療機関へ搬送することが必要です。

自分や周囲の人も含め、体調変化のサインを見逃さないようにしましょう。

症状	重症度	対処法
●めまい・失神 立ちくらみという状態 ●筋肉痛・筋肉の硬直 筋肉が「こむら返り」を起こす状態。 ●大量の発汗 汗が流れ落ちている状態	現場での応急処置で対応できる軽症	・体を冷やす ・水分、塩分の補給
●頭痛・気分の不快・吐き気・嘔吐・倦怠感・虚脱感 からだがぐったりする、力が入らない状態	病院への搬送を必要とする中等症	体を冷やしながら病院へ一刻も早く搬送
●意識障害・けいれん・手足の運動障害 呼びかけや刺激への反応がおかしい、体にがくがくとひきつけがある、まっすぐ歩けない状態 ●高体温 体に触ると熱いと感じる状態	入院して集中治療の必要性のある重症	

出典：環境省『熱中症環境保健マニュアル』を基に作成

熱中症の予防のためには、以下のようなことを心がけましょう。

①風通しがよく発汗の良い作業着や、つばが広い帽子の着用
②作業開始前に健康状態をチェックする
③スポーツドリンクなどの飲料水を携帯する
④休憩時に水分と塩分を補給する
⑤熱のこもりそうな首やわきの下を冷やす
⑥涼しい場所で休憩を取る　など

職場も熱中症を防ぐ環境整備に努めるようにしましょう。

具体的行動

事前の準備と適度な休憩で熱中症を予防しよう。

no.

83 健康管理を怠らない

日々、働き続けるためには、身体と心の両方が健康に保たれていることが大切です。慢性的に蓄積される疲労には、身体の疲労と、心の疲労があります。

体の疲労は長時間労働によって生じる肉体疲労や睡眠不足があり、身体の異変を通して疲労の蓄積に気づくことができます。

心の疲労は、ストレスによって生じるやる気や自信の喪失、注意力の欠如、うつ状態などがありますが、こちらは身体の疲労に比べて異変が表れにくく、気づきにくい特徴があります。

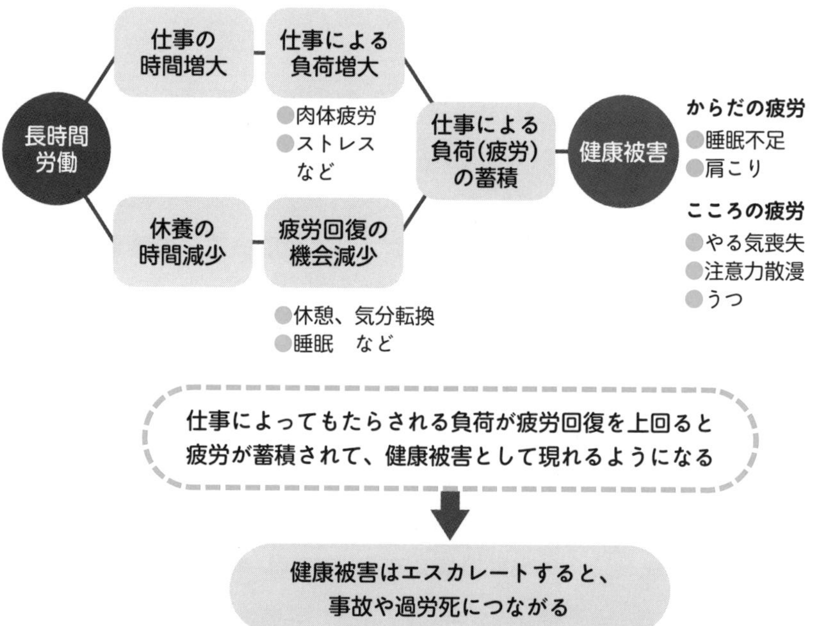

岩崎健二「長時間労働と健康問題」『日本労働研究雑誌』（No.575、2008年）を基に作成

上記のように身体の疲労と心の疲労は、仕事による負荷が蓄積することで健康被害として現れるようになります。

しかし、こうした負荷（肉体疲労ストレス）は、日々の仕事でどの程度蓄積されているかを定量的に把握しづらいため、頑張って仕事を続けたことで、悲惨にも事故や過労死を招いてしまう危険性があるだけに注意が肝要です。そうならないためにも以下のような変化を感じたら、休養を取り、疲労回復に努めるようにしましょう。

1．身体の疲労

・耳鳴り、手足のしびれ、不整脈、高血圧症、腰痛、肩こり、首こり、後頭部痛などの痛み、胸が苦しくなる
・眠りの質が変化してきた
　身体がだるい　→　いくら寝ても眠い　→　眠りが浅いなど

2．心の疲労

・不安に押しつぶされそうになる
・動悸が激しくなって胸が苦しくなる
・不安感や心の動揺はないが、内臓の調子が悪い
・下痢、喘息、十二指腸潰瘍、不整脈などを発症する

このような変化を感じたら、すぐに休憩を取りましょう。
・睡眠を十分にとる
・バランスの良い食事をとる
・適度に運動する

良い仕事をするためにも身体の健康と心の健康は欠かすことができません。「無理をし過ぎない」ことはとても大切なことなのです。そして会社も職場も「安心して休む」ことのできる環境づくりに努めましょう。

具体的行動

良い仕事のために身体と心の健康に気をつけよう。

no.

84 病気の未然防止

疲労による健康被害を抱えないためには、定期的な健康診断や日々の生活習慣を整えることが大切になります。

身体や心に異常が感じられてからの診断では、既に病気が発症・進行してしまっている可能性があります。手術や入院が必要なこともあります。もちろんこうした治療も大切ですが、できるならそうなる前の段階で、病気であれば早期発見、さらにいえば日頃から健康に気をつけることで「予防する」ことができれば、それが最も良いことです。

1．健康診断

健康診断は、身体に潜んでいて自分では気づいていない異常を早期に発見し、早期治療を目的とするために行います。

法律では、労働者は、年一回医師による健康診断を受診することを義務付けられています。また、有害な業務に従事する人には、業務の内容に応じて特殊健康診断の受診も義務付けられています。

病気の未然防止、早期発見のためにも会社で実施する健康診断は必ず受診しましょう。

また、健康診断で異常がなかったとしても、その後の生活次第で身体の状態は変化します。健康な状態を維持できるよう、普段から体調管理に気をつけましょう。

2．ストレスチェック

身体の異常は比較的早く気づくことができるのに対し、心の異常は気づきにくいものです。疲労を感じ気持ちが沈んでいたとしても、「最近、寝不足だから」「最近、忙しかったからなあ」と言い訳をして、つい頑張ってしまうことがよくありますが、そうした無理を重ねるうちに朝起きることや、会社へ行くこと自体がとてもつらいものになることも少なくありません。

こうした心の異常は自分では気づきにくいだけに、健康診断同様に、ストレスチェックを受けて、心の異常を早期発見、早期治療を心がけるようにしましょう。

3．日々の生活習慣を整える

疲労の蓄積は、生活習慣に影響を与え、さらには病気の発症に影響を与えるといわれています。なかでも「心筋梗塞」「脳卒中」「がん」などは命にかかわる危険があるだけに、注意が必要です。

一方で、こうした病気は大変危険なものですが、日々の生活習慣を整えることである程度は予防することもできます。疲労やストレスの蓄積を避け、偏った食生活などを心がけるようにしましょう。

4．誰もが安心して休める環境を

働く人の健康を守るためには、本人の心掛けも大切ですが、なかには身体や心の異常を感じたとしても、「みんなに迷惑をかけたくないから」という理由で無理をしてしまう人もいます。また、会社によっては気軽に休みを取りにくい雰囲気の会社もあります。こうした環境ではどうしても働く人は無理をしてしまうし、身体や心の不調を悪化させることになります。

それを防ぐためには上司や周りの人が、誰かが働きすぎたり無理をしていることに対して敏感でなければなりませんし、休むように勧めることも必要になります。休みを歓迎することも大切になります。誰もが健康で働くためには、周りのみんなが安全や衛生、健康に関心を持つことが重要なのです。

具体的行動

病気に関してはみんなが治療より予防を心がけよう。

no.

85 災害時の対応（機械設備の異常発生）

機械や設備は、人の何倍もの力で連続的に作業を行うようにつくられていることが多く、異常が発生した場合、作業者が自力で対処をすることは難しいのが一般的です。

そのため、機械や設備には作業者が安全に作業できるように、周囲に立ち入り防止の柵が設けられていたり、あらかじめセーフティーロックや安全装置が組み込まれているなどの処置がされています。

しかし、一見このような処置があるために安全と思われがちですが、ちょっとした気の緩みや機械の動作異常から命を落とすような大災害に発展するケースも少なくありません。

こうした事故や災害を防ぐためには以下のような注意が必要です。

①機械を停止させる

どんな場合でも異常が確認されたら機械を停止させます。前後の工程のことを考えて、停止させることをためらったり、「大したことはないだろう」と機械を運転させると、事故につながる危険があります。

②周囲の作業者や保全担当に知らせる

機械や設備の異常が起こった場合、一人の力では対処できないことが多々あります。必ず周囲で作業をしている人に状況を伝え、次に保全の担当者などに連絡しましょう。

③通常の状態がどのようなものかを知っておく

故障や異常は、通常の状態がどのようなものかを知ることで、初めて違いを理解することができます。通常の運転時の様子と仕組みがどのようなものかをあらかじめ学習しておくことで、「予兆」をつかむことができますし、「異常」にもすぐに気づくことができます。

④故障についての応急処置を身につける

機械の停止、周りの作業者への周知などを行ったうえで、異常の原因を究明する確認作業を始めるようにしましょう。その際、どんな危険が潜んでいるか、作業前に確認し作業を始めましょう。

確認作業中は電源スイッチを他の作業者に触らせないように、札づけなどを行い、作業中に設備が動かないようにしましょう。

⑤安全を確保する

機械設備の周りを確認し、周りに普段と異なるものが置かれていないかなどを確認します。そして危険がある場合には、作業場所から退避することも検討しましょう。

⑥異常や故障の早期発見を

機械や設備が故障したり、異常な動きをしてからの対処方法は上記の通りですが、そこに至る前に「予兆」をとらえることができれば早めに対策することが可能になります。予兆のとらえ方は以下の通りです。

具体的行動

機械設備の異常には「まず止める」を徹底しよう。

no.

86 災害時の対応（火災・地震）

1．火災発生時の対応

火災では燃え広がる火の手による火傷だけでなく、発生するガスによる中毒死、倒壊する建物による下敷きなど、さまざまな災害が同時に発生することがあります。火災発生時の取るべき行動は以下の通りです。

①出火の現場に居合わせたら、まず「通報」「初期消火」「避難」が大切。ただし、優先順位は状況により異なる

出火直後なら「通報」と「初期消火」の優先順位が高くなりますが、そのために逃げ遅れては大変なことになりますから、慌てず冷静な判断を。

②火事が起きていることを周囲に知らせる

「火事だ」と大きな声を出す、あるいは非常ベルを押すなどします。

③火事を消化できるかどうかは出火直後が勝負

消化が可能な場合、火が天井に達しないうちに消化します。

④危険を感じたらすぐに避難を

自分たちの手に負えない場合、すぐに避難します。避難する時は、燃えている周囲の窓やドアを閉めて空気を遮断し、ぬらしたタオルやハンカチなどで口と鼻を覆い、できるだけ低い姿勢で火の手の及ばない場所まで避難します。

2．地震発生時の対応

日本は「地震大国」といわれるほどに地震が多い国です。阪神淡路大震災や東日本大震災など大きな地震がしばしば起きることで、多くの人の命が失われています。

地震は予知することが難しく、いつ起きるかわからないだけに、日頃の備えが何より欠かせませんが、地震が発生した場合に第一に考えるべきは「安全確保」です。所定の避難場所へと「あわてず、冷静に、すみやかに」移動しますが、仲間同士で声を掛け合いながらできるだけ全員の安全確保に努めましょう。地震発生時の取るべき行動は以下の通りです。

①自分の身を守る

机やテーブルなど、その場で一番丈夫なものの下に身を伏せる。倒れそうなものを支えには行かない。

②火の元の確認と火の始末

揺れがおさまったら、素早く火元の始末をする。ストーブの火やガスの元栓、電気器具のコンセントなど。

③避難経路の確保

- 建物が傾くと窓やドアが開かなくなることもあるため、可能なら窓やドアを開けて出口を確保する。
- 外に出る時は瓦やガラス、看板、照明など落下物の危険はないか十分確認する。また、傾いた建物、石塀、ブロック塀など、倒壊の恐れのあるものには近づかない。
- 建物の下を歩く場合、落ちてくるガラス片などが危険なので、ヘルメットをかぶるなどして頭部を保護する。
- 足元にガラス片などが落ちている危険があるため、底の厚い靴を履く。

大切なのは日頃の備えであり、日頃からの訓練です。普段から小さな災害や小さな地震にもしっかりと対応しておくことが、大きな災害や自信への冷静な対応を可能にします。

具体的行動

火災や地震には日頃の備えと、日頃の地道な訓練を大切にしよう。

no.

87 職場の安全パトロール

最近の職場の様子を振り返った時、職場内でケガや事故に遭った人はいないでしょうか？　また、ケガや事故には至らなかったものの、「ヒヤリ」とした経験はなかったでしょうか？

職場の安全パトロールというのは、ケガや事故のあった職場では、二度とケガや事故が発生しないように行うものです。あるいは、今までケガや事故はなかった職場でも、いつ起こるかわからないケガや事故を未然に防ぐために行います。

安全パトロールの目的は、職場の巡回や巡視を行うことで、ケガや事故につながるような不安全な状態や、不安全な行動を早期に発見して、改善を行うことです。

職場の巡回や巡視は、管理監督者や安全スタッフが行う重要な仕事の１つですが、本来はそれ以外の人も安全に関する気づきや改善を行うことができることが理想です。

1．安全パトロールの実施

職場を直接見て回り、危険な状態や危険な行動がないかを確認し、適宜改善を行います。通常は危険に対する経験や知識のある人が目で確認しますが、経験の浅い人やパトロールする職場に詳しくない人が、新鮮な目で確認することも有効な手段です。

安全パトロールに限らず、改善においても、経験豊富な人にとっては「当たり前」のことが、経験の浅い人の目には、「これは危険なのでは」「これはムダなんじゃないか」と見えることがよくあります。そしてその指摘の中には実は危険な行為や、ムダなやり方が含まれているというのはよくあることです。

自分たちのやっていることを「当たり前」と過信せず、時に「新鮮な目」でものを見ることも安全や衛生、改善を行ううえでは大切なことなのです。安全パトロールでは以下の点に注目します。

①危険な行動をとっている人はいないか？
②職場の環境、設備、装置は安全な状態になっているか？
③５Ｓは徹底できているか？

これらの問題点に気づいたなら、その場で指摘して、すぐに改善を行います。ある大手化学メーカーでは工場全体を対象にこうした安全パトロールを仕事が終わった夜に行い、気づいたことをノートに記録、翌日朝にはそれぞれの職場の責任者が見て「すぐに改善する」「期日を決めて改善する」ことを習慣にしていました。

理由は問題点を指摘されて、そのままにしておくと、せっかくの指摘が「ただの告げ口」になるのに対し、すぐに行動を起こせば、「改善」になるからです。問題点は「あとからやる」ではなく、「すぐに」が安全パトロールを実のあるものにするポイントなのです。

２．安全確認時の指差呼称

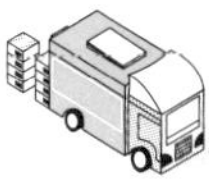

安全は、一人ひとりの安全に対する意識から生まれます。安全な状態を確認したら、対象物を指差し確認しながら、その状態を声を出すことで行います。

その際、本当に安全な状態になっているかを判断するためにも、安全な状態とはどのようなものかを十分に理解しておくことが重要です。また、近くに作業者がいる場合は、聞こえるようにしっかりと声を出し、一緒に安全であることを確認してもらうようにしましょう。

職場の安全は「みんなで守る」ものです。一人ひとりが安全パトロールを行うつもりで、危険な個所や危険な動きに気づき、改善に努めることが何より大切なのです。

具体的行動

安全パトロールの指摘は「あとでやる」のではなく、「即改善」を。

no.

88 ヒヤリハット報告

仕事をしていて「ケガをするところだった」と感じてヒヤリとした経験や、「危なかった」と感じてハッとした経験はないでしょうか。

「ヒヤリハット」というのは、危ないことがあったものの、幸いにもケガや事故には至らなかった事象のことです。

労働災害などに関する**「ハインリッヒの法則」**というのがあります。

1件の重大事故の裏には、29件の軽傷事故と、300件のヒヤリハットがあるという法則です。

ヒヤリとしたり、ハッとするような体験は、誰もがしばしば経験することですが、幸いにもケガや事故につながらなかったことで、多くの場合、「危なかったけど何もなくて良かったな」とほっとして、その体験が活かされることなしに過ぎてしまうことがほとんどです。

しかし、ヒヤリやハットは一歩間違えばケガや事故につながるだけに、当人は運よくケガをせずにすんでよかった半面、同じようなことが今度は他人に起こり、そこではケガや事故につながることも大いに考えられます。つまり、たまたま運よくケガや事故に至らなかったたくさんのヒヤリハットは、運が悪ければ29件の軽傷事故や、一件の重大事故につながる危険性を秘めているのです。

だからこそヒヤリとしたり、ハットした経験は、自分の中だけにとどめておくのではなく、報告やミーティング、改善活動を通じて多くの職場の仲間と共有するとともに、安全な職場づくりのために活かしていくことがとても大切なのです。

1. ヒヤリハットを共有しよう

ヒヤリハットを改善に活かすためには、速やかにヒヤリハットを報告し、みんなで共有する仕組みが欠かせません。ある鉄道会社は過去に大きな事故を経験したことから、運転士や車掌が感じたヒヤリハットをすぐに報告し、それをみんなの見えるところに貼り出す「見える化ロード」をつくりました。

ヒヤリハットの多くは、一人だけの経験ではなく、多くの人が感じたり、経験しながら、そのまま放置されていることが少なくありません。そのためみんなに見えるようにすれば、「あっ、これは自分も経験した」「自分の不安に感じていた」という声も集まり、危険な個所や危険な行為に気づくことができます。

2．ヒヤリハットを元に改善しよう

何度もいうように、ヒヤリハットの中には「たまたま運よくケガや事故につながらなかった」ものがあります。ヒヤリハットというのは単に情報を共有すればいいというものではなく、ヒヤリハットをなくすための改善を行ってこそ、安全な職場をつくることができます。

そしてここで大切なのは、集まったヒヤリハットを前に、「君の不注意だから、もっと気をつけて」と対策にならない対策で片づけないことです。ヒヤリハットの情報に対しては、必ず「どんな改善策が考えられるか」という対策を考え、「いつまでに改善する」という期日を設定します。こうした対策が実施されることで、よりたくさんのヒヤリハットが報告されるようになり、職場はその分だけ安全な職場へと変わっていくことになるのです。

3．ヒヤリハットの報告が多いのは良い職場

ヒヤリハットの報告が集まる職場は安全意識の高い良い職場であり、集まらない職場は問題が隠されがちな職場といえます。安全意識の高い改善活動が盛んな職場になるためにも、ヒヤリハット情報は積極的に集め、改善をしていきましょう。

具体的行動

ヒヤリハット情報を活かして安全な職場をつくり上げよう。

no.

89 危険予知トレーニング(KYT)

ヒヤリハットの情報を活用して、危険に敏感になって身を守ろうとするためのトレーニングを**「危険予知トレーニング（KYT)」**といいます。このトレーニングを継続して行うことで、危険に対して敏感になっていき、誰でも危機管理ができるようになります。

KYTの進め方は以下の通りです。

ラウンド	危険予知訓練の4ラウンド	危険予知訓練の進め方
1R	どんな危険がひそんでいるか（現状把握）	イラストシートの状況の中にひそむ危険を発見し、危険要因とその要因が引き起こす現象を想定して出し合い、チームみんなで共有する
2R	これが危険のポイント（重点化）	発見した危険のうち、これが重要だと思われる危険に印をつけ、さらにみんなの合意でしぼりこんだものには「危険のポイント」とし、指差し唱和で確認する
3R	あなたならどうする（対策立案）	「危険のポイント」を解決するにはどうしたらよいかをみんなで考え、具体的な対策案を出し合う
4R	私達はこうする（目標設定）	対策の中からみんなの合意したアイデアを絞り込み、「重点実施項目」に設定する。それを実践するための「チーム行動目標」を設定し、指差し唱和で確認する

出典：厚生労働省『製造事業者向け　安全衛生管理のポイント』を基に作成

1．できるだけ早くメモやイラストに記録する

ヒヤリハット体験を共有するためには、経験が失われないうちにメモやイラストに書き起こすようにしましょう。時間が経ってしまうと、怖かった気持ちもだんだん薄れてしまいますし、メモやイラストに残すこ

と自体が面倒になってきます。

自分の経験したヒヤリハットは職場にとっての財産になると考えて、できるだけ早くメモやイラストにして、みんなで共有できるようにしましょう。

2．危険の理由を明確に

危険予知をする時には、ただ「危ない」ということではなく、「なぜそうなるのか」「どこが危ないのか」などについて、危ないことの原因を含めて、危険の理由を明確にします。特に「原因究明」は大切で、職場としてどんな小さなケガや事故についても、「何が原因か」を徹底的に調べて再発防止策をとることがケガや事故を防ぐことにつながります。同様にヒヤリハットについても「何が原因か」を調べることが職場の安全を高めることになります。

そうすることでみんなが納得して、危険であることを共有できるようになります。

3．実行可能な対策を考える

小集団で危険を予知し、防止に向けての対策を考えるのがKYTです。QC活動や改善活動と同様にアイデアは自由に出して構いませんが、ヒヤリハットを未然に防止するための対策は現実性のあるものでなければ意味がありません。

さまざまなアイデアをみんなで出しながら、すぐにできるものと、将来できるようになるものなど仕訳をしながら確実にできる対策を絞り込み、実行していきましょう。

具体的行動

KYTで誰もが危険に敏感になり、危機管理に強くなろう。

no.

90 リスクアセスメント

「リスクアセスメント」とは、**事故につながりそうな危険を洗い出し、どのような危険が起こるかを想定して、重要度を評価し、対策を講じていく活動**のことをいいます。

特に設備や原材料を新しく採用したり、変更するタイミングで危険を洗い出したりするのに有効です。

また、危険性から生じるリスクを評価することで、対策の優先順位をつけて、より危険性の高い、大きな課題に対して重点的に取り組めるようになります。

職場の中の事故につながる危険にはさまざまなものがあり、特定の作業者の活動から生じているとは限りません。そのため、分担を決めて各自が責任を持って確実にリスクに対応することが重要になります。

職場の安全はみんなで守るものです。

とはいえ、「全員で」を強調するあまり、「誰が何をするか」が曖昧になると、安全を守ることは誰の仕事でもなく、「誰かがやるだろう」になってしまうこともあります。そうならないためにも必ずそれぞれの担当者を決めて、責任を持って実施することが重要になります。

リスクアセスメントは以下のように進めます。

①危険・有害要因の洗い出し

職場の中の危険なこと、有害なことを洗い出します。

改善前の状態をビデオに撮り、あるいは写真やイラストを活用することで、参加する全員が同じイメージを共有できます。それらを見ながら複数の人によるさまざまな視点で「不安全状態」を洗い出しましょう。

この段階ではリスクの大小に関係なく、たとえリスクの割合が小さいものであっても、漏れなく洗い出します。

もし洗い出しの段階で「このくらいはいいだろう」という勝手な判断でリスクを見逃したり、見落としたりするようなことがあると、思わぬことから事故が発生し、その原因究明や対策に時間やコストがかかることになってしまいます。できるだけ多くの可能性を考慮して、危険性を挙げることがこの段階では大切になります。

②リスクの評価

洗い出された危険なことや、有害なことについて、危険性・有害性の大きさと、危害発生確率の観点から順位付けを行い、リスク評価をします。但し、リスクが小さければそのままにしておいということはありません。最初は小さなリスクでも放置しておくとやがて大きなリスクになるものもあるだけに、どんな小さな危険もできるだけ気づいた段階で改善することが大切になります。

③リスク低減対策の実施

リスク評価の結果をもとに、リスクの大きな危険なこと、有害なことから優先的にリスク低減策を検討し、対策を実施します。

対策を行ったら、再度リスクを評価して、対策の必要性を検討します。

④他社・他部署の事故なども「自分事」として

自社では問題が起きていないものの、参考にしたいのが他社や他部署で起きた事故やケガなどです。これらはとかく「他人事」として済ませることが多いのですが、「うちは大丈夫か？」という視点で職場を見渡すと、自分たちの職場にも気づかなかっただけで似たようなリスクが隠れていることに気づくことができます。他社・他部署の事例も「自分事」として捉えるようにしましょう。

具体的行動

危険に対する感受性を高め、危険を先取りして対策を打とう。

no.

91 ものづくりは人づくり

ここまで「ものづくりの基本」というテーマで「強くて良い現場」をつくるためには何が必要かについてまとめてきました。IEやQC、JITなどの手法についても説明してきましたが、**ものづくりで何より大切なのは「ものづくりを通して知恵を出して働く人を育てる」ということ**です。

世の中にはものづくりは機械設備があり、作業をする人がいて、材料さえ入れればものは簡単にできると誤解している人がいますが、実際には働く人たちがさまざまな改善や工夫を行い、力を合わせてものづくりに取り組むからこそ、お客様は「より良いものが、より安く、必要な時に手に入る」ことができるのです。

こうした「人づくり」の大切さについて、パナソニックの創業者・松下幸之助さんはかつてこんな趣旨のことを話しています。

「松下電器（現パナソニック）は電気製品をつくっていますが、その前に人をつくっています」

世界一の自動車メーカー・トヨタ自動車も「ものをつくる前に人をつくれ」を標榜し、「人間の知恵を活かしたものづくり」によって世界一の自動車メーカーへと成長を遂げています。

つまり、**ものづくりと人づくりは車の両輪**のようなもので、ものづくりを通して人が育ち、育った人たちが知恵を出し、力を合わせることでより良いものづくりを実現することができるのです。

ものづくりで求められるのは「決められたことを決められた通りのやり方でやる」ことですが、同時に「これはもっとうまいやり方があるのではないか」「もっと安くつくる方法があるのでは」と考え、より良い方法を見つけたら「改善提案」を行うことです。**改善のスタートは「気づき」であり、そこから「どうすれば」と考えることが改善へとつなが**

っていくのです。

こうした改善ができるのは現場で日々仕事をしている人たちだけですし、現場で起きる品質や安全などに関する問題を解決するのも現場で働く人たちなのです。それは決して簡単なことではありませんが、このような取り組みを通して人は知恵を出すことを学び、知恵を出して働く人へと成長することができるのです。

ここにこそ、ものづくりの素晴らしさがあります。**良いものをつくることはお客様のためであり、会社のためですが、同時に自分が人として成長することにもつながります**。

ぜひともその自覚を持って日々の仕事に励むようにしてください。

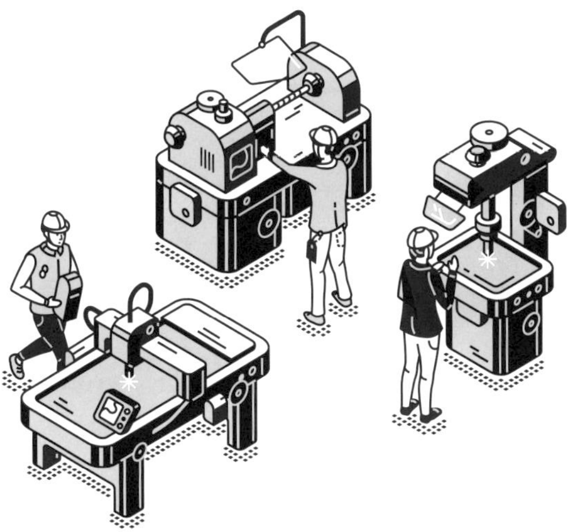

具体的行動

人として成長することの自覚を持って、日々の仕事に励もう。

「ものづくりの基本」の学習を
さらに深めたい方に

本書は日本能率協会マネジメントセンターが
提供する通信教育コースに記載された重要エッセンスを
凝縮して１冊にまとめました。
さらに「現場改善」「品質管理」「安全衛生」の
各分野の学習を深めて、じっくり学びたいという方に向けて、
３つの通信教育コースをご案内いたします。

通信教育コース以外のその他参考文献リスト

『トヨタ生産方式　脱規模の経営を目指して』
（大野耐一著　ダイヤモンド社）

『新人IErと学ぶ　実践IEの強化書』
（日本インダストリアル・エンジニアリング協会編　日刊工業新聞社）

『QCストーリーとQC七つ道具　失敗しない改善の手順と手法』
（内田治・吉富公彦著　日本能率協会マネジメントセンター）

『わかる！　使える！　TPM入門』
（日本プラントメンテナンス協会編　日刊工業新聞社）

【監修】

株式会社日本能率協会コンサルティング

日本能率協会コンサルティングは、1942年に設立された日本初の経営コンサルティングファーム。戦略・R&D・生産・オペレーション・IT等、日本内外の企業に対し、年間2,500以上のコンサルティングプロジェクトを展開する総合コンサルティングファームとして、特に生産・製造業支援に強みを持つ。

シニアコンサルタント　齋藤彰一（さいとう　しょういち）

シニアコンサルタント　石山真実（いしやま　まさみ）

〈構成協力〉

桑原晃弥（くわばら　てるや）

ものづくりの基本
現場改善・品質管理・安全衛生がよくわかる本

2023年8月10日　　初版第1刷発行

監　修――日本能率協会コンサルティング
©2023 JMA Consultants Inc.
発行者――張 士洛
発行所――日本能率協会マネジメントセンター
〒103-6009　東京都中央区日本橋2-7-1 東京日本橋タワー
TEL 03(6362) 4339 (編集) ／03(6362) 4558 (販売)
FAX 03(3272) 8127 (販売) ／ (編集)
https://www.jmam.co.jp/

装　　丁――岩泉卓屋 (IZUMIYA)
本文組版――株式会社明昌堂
印 刷 所――シナノ書籍印刷株式会社
製 本 所――株式会社新寿堂

ISBN 978-4-8005-9130-2　C3034
落丁・乱丁はおとりかえします。
PRINTED IN JAPAN